GOUVERNEMENT GÉNÉRAL DE L'ALGERIE

PROCÈS-VERBAUX

DES

SÉANCES DE LA COMMISSION

CHARGÉE DE REVISER LE PROJET DE LOI

SUR

L'IMMATRICULATION DE LA PROPRIÉTÉ FONCIÈRE EN ALGÉRIE

1907

ALGER

IMPRIMERIE ADMINISTRATIVE VICTOR HEINTZ

Rue d'Isly, 37 et Place Bugeaud

1907

GOUVERNEMENT GÉNÉRAL DE L'ALGÉRIE

PROCÈS-VERBAUX

DES

SÉANCES DE LA COMMISSION
CHARGÉE DE REVISER LE PROJET DE LOI

SUR

L'IMMATRICULATION DE LA PROPRIÉTÉ FONCIÈRE EN ALGÉRIE

1907

ALGER

IMPRIMERIE ADMINISTRATIVE VICTOR HEINTZ

Rue d'Isly, 37 et Place Bugeaud

1907

1re SÉANCE

Séance du 6 décembre 1906

La commission chargée de reviser le projet de loi sur l'immatriculation de la propriété foncière en Algérie s'est réunie pour la première fois le 6 décembre 1906 à 9 heures du matin, dans la salle des délibérations du Conseil de Gouvernement.

Etaient présents :

MM. LUCIANI, Conseiller de Gouvernement, Président;

MALLET, Directeur des Services Financiers ;
MORAND, Directeur de l'Ecole de droit ;
TÉDESCHI, Avoué près le Tribunal civil d'Alger, Délégué Financier ;
MAGINOT, Conseiller-adjoint de Gouvernement, Sous-Directeur de l'Intérieur ;
} Membres.

MARIS, Sous-Chef de bureau, Secrétaire.

Absent excusé : M. POUYANNE, Juge au Tribunal de Blida.

M. LUCIANI. — Comme vous le savez, Messieurs, une commission avait été chargée en 1901 de procéder à l'étude des réformes à apporter dans le régime de la propriété foncière en Algérie. Cette commission conclut à l'introduction dans la colonie d'une législation immobilière basée sur les principes du système Torrens. Elle prépara à cet effet un projet de loi détaillé qui ne comptait pas moins de 111 articles.

En vue d'en faciliter l'examen par le Parlement, ce projet fut condensé plus tard en 36 articles auxquels les Assemblées algériennes donnèrent leur approbation dans leur session de 1904. Le projet ainsi remanié se bornait à poser les principes et les grandes lignes du nouveau régime foncier. Pour tous les détails d'exécution, il renvoyait à un règlement d'administration publique. Déposé sur le bureau de la Chambre le 8 novembre 1905, il est devenu caduc à l'expiration de la dernière législature.

Mais, entre temps, il avait été communiqué par le Ministre de l'Intérieur à ses collègues de la Justice et des Finances. Ces derniers ont formulé un certain nombre d'observations dont il vous a été donné communication. Ainsi que vous avez pu vous en rendre compte, ces observations sont presque exclusivement motivées par l'étendue trop considérable de la délégation consentie par le projet au pouvoir exécutif.

Etant donné les modifications profondes que le nouveau régime apportera à la législation immobilière actuelle et au code de procédure civile, M. le Garde des Sceaux, notamment, estime que seul le législateur est qualifié pour statuer sur un grand nombre de points que le projet laisse au pouvoir exécutif le soin de réglementer.

Pour déférer à ces observations, M. le Gouverneur général a confié à M. Pouyanne, Juge au tribunal de Blida, qui a pris une part considérable dans la préparation de la réforme, la mission d'élaborer un nouveau texte. L'examen de ce consciencieux travail vous a permis de constater que M. Pouyanne s'est efforcé de donner satisfaction aux critiques des Ministres des Finances et de la Justice en complétant le projet des assemblées algériennes par un certain nombre d'articles empruntés aux projets élaborés par la commission algérienne de 1901 et par la commission extra-parlementaire du cadastre de France, à la loi foncière tunisienne et même à la législation immobilière de l'Allemagne.

C'est pour étudier ce projet et lui donner sa forme définitive que M. le Gouverneur général a fait appel à votre précieux concours. Il vous demande de l'examiner avec toute la diligence compatible avec les difficultés que présente une question aussi délicate et aussi complexe. La réforme de la législation foncière de l'Algérie est, vous le savez, depuis longtemps à l'étude. Il y a donc intérêt à ce que nos travaux soient conduits avec la plus grande célérité.

Je dois maintenant vous faire connaître que j'ai reçu de M. Pouyanne une lettre dans laquelle il m'informe qu'à son grand regret, il ne lui est pas possible, en raison des exigences de son service, d'assister à la première séance de la Commission. M. Pouyanne m'annonce, en outre, que, du 11 au 22 décembre, il devra siéger tous les jours, comme assesseur, à la session de la Cour criminelle, et que, pendant cette période, il ne pourra assister aux réunions de la Commission. Afin que la marche des travaux ne subisse aucun retard de ce fait, il propose qu'on lui transmette par écrit les observations qui seraient formulées à l'encontre de son projet. Il y répondrait dans la même forme, et les membres de la Commission se trouveraient, croit-il, aussi complètement éclairés que s'ils assistaient à la discussion.

Tout en exprimant les vifs regrets que me cause l'absence de M. Pouyanne, je ne puis, Messieurs, que vous consulter sur la proposition qu'il nous soumet.

M. Maginot. — J'estime qu'il n'est pas possible d'adopter la méthode de travail indiquée par M. Pouyanne. Indépendamment du surcroît de besogne et des retards considérables qu'entraînerait l'échange de notes qu'elle comporte, elle ne permettrait pas de donner à la discussion du projet toute l'ampleur nécessaire. En effet, pour être complète, cette discussion ne doit pas se borner à une réponse de l'auteur aux objections que peut soulever l'examen de son projet. Cette réponse peut, elle-même, donner lieu à de nouvelles objections qui ne pourront être définitivement écartées, s'il y a lieu, qu'après un débat oral auquel devront prendre part tous les membres de la Commission. Dans ces conditions, la présence de M. Pouyanne à nos réunions me paraît absolument indispensable.

M. Mallet. — Je partage entièrement l'avis exprimé par M. Maginot. Étant donné, en effet, que notre mission doit surtout consister à examiner les détails du projet, il est nécessaire que M. Pouyanne nous expose non seulement les idées générales dont il s'est inspiré dans la préparation de son travail, mais encore les motifs qui l'ont déterminé à y insérer telles dispositions qui, à nos yeux, pourraient *a priori* sembler insuffisamment justifiées ou dont nous pourrions ne pas saisir toute la portée. Ces explications nous permettront de mener rapidement la tâche considérable qui nous est confiée.

M. Tédeschi. — Je ne puis que me rallier aux observations présentées par mes collègues. Comme à eux, la nécessité d'une discussion contradictoire entre les membres de la commission et l'auteur du projet me paraît s'imposer. Je demande donc que des démarches soient faites auprès des chefs de la Cour pour que M. Pouyanne soit mis entièrement à la disposition de la commission pendant toute la durée de ses travaux.

M. Luciani. — J'appuie d'autant plus volontiers cette proposition qu'elle se justifie, non seulement par les considérations qui viennent d'être exposées, mais encore par un sentiment de convenance à l'égard de M. Pouyanne. Il serait en effet peu correct, à mon avis, que nous discutions son projet en son absence. A ce point de vue encore, il est donc indispensable qu'il vienne lui-même soutenir et défendre son œuvre devant la commission. D'autre part, en présence du désir formel exprimé par M. le Gouverneur général de voir les travaux rapidement menés, j'estime qu'il n'est pas possible d'ajourner l'étude du projet jusqu'au 22 décembre, date à laquelle prendra fin la session de la Cour criminelle. Cet ajournement nous conduirait aux fêtes de la fin de l'année et nous ne pourrions guère nous mettre à l'œuvre que dans les premiers jours de l'année prochaine. Ce serait un retard d'un mois qu'il faut absolument éviter. En conséquence, je demanderai à M. Maginot de vouloir bien se charger de faire d'urgence auprès de M. le Premier Président de la Cour d'appel d'Alger les démarches nécessaires pour que M. Pouyanne soit autorisé à prêter immédiatement et pour tout le temps nécessaire son concours à la commission. En attendant, je vous propose, Messieurs, d'ajourner l'examen du projet jusqu'à ce que la date de la prochaine réunion ait pu être fixée.

Cette proposition est adoptée à l'unanimité par la commission.

La séance est levée à 10 heures.

Le Président,	*Le Secrétaire,*
LUCIANI.	MARIS.

2e SÉANCE

Séance du 24 décembre 1906 (matin)

La séance est ouverte à 9 heures 1/2 du matin.

Tous les membres de la Commission sont présents, à l'exception de M. MORAND.

M. LUCIANI. — Messieurs, j'ai reçu de M. Morand une lettre par laquelle il s'excuse de ne pouvoir, d'ici quelque temps, assister aux réunions de la Commission.

Je regrette vivement ce contre-temps, qui va nous priver du concours d'un des membres les plus autorisés de la Commission.

Avant d'aborder l'étude du projet soumis à notre examen, il me paraît utile de préciser le rôle qui nous incombe. A mon avis, notre mission doit consister, en premier lieu, à faire le départ entre les dispositions qui doivent figurer dans la loi et celles qui doivent être insérées dans le règlement d'administration publique. Nous nous inspirerons, pour cela, des observations faites par les Ministres de la Justice et des Finances. En second lieu, nous aurons à examiner chacun des points de détail indiqués par ces Ministres, en même temps que les modifications de forme et de fond qui pourraient êtres apportées au projet.

Mais je crois, tout d'abord, devoir demander à M. Pouyanne de vouloir bien nous exposer dans quelles conditions il a préparé le travail qui va servir de base à nos discussions.

M. POUYANNE. — Ainsi que l'indique l'exposé fait par M. le Président au début de la première séance, j'ai complété le projet soumis à la Chambre par la plupart des dispositions que l'article 35 de ce projet renvoyait à un règlement d'administration publique. La charpente du nouveau texte est donc constituée par l'ancien projet. Le surplus est emprunté en partie aux projets de loi de M. Massigli sur la publicité des droits réels et la force probante des livres fonciers et de M Challamel sur le régime hypothécaire. En ce qui concerne l'organisation de la procédure d'immatriculation, je me suis inspiré du projet préparé par la Commission algérienne de 1901, ainsi que de la loi foncière tunisienne. Pour les ventes judiciaires, j'ai tenu compte du projet élaboré par M. Tédeschi en 1901, ainsi que des dispositions de la loi allemande du 24 mars 1897 sur l'expropriation forcée.

M. Maginot. — Des explications que vient de nous donner M. Pouyanne, il semble résulter que son projet contient non-seulement toutes les dispositions qui sont du domaine de la loi, mais aussi celles qui pourraient être insérées dans un règlement d'administration publique. Je demande, dans ces conditions, à M. Pouyanne de nous indiquer quelles sont, en dehors du texte qu'il nous présente, les matières qui feront partie, d'après lui, du règlement prévu par le projet.

M. Pouyane.— La procédure et les opérations de bornage et d'établissement des plans, l'organisation de la Conservation de la propriété foncière et de la Chambre des Immatriculations pourront faire l'objet de ce règlement. Il me semble, au contraire, qu'il y a le plus grand intérêt, pour mettre la nouvelle organisation immobilière à l'abri de toute discussion, à faire consacrer par la loi toutes les dispositions qui dérogent à la législation actuelle, c'est-à-dire presque toutes celles qui composent le projet que nous discutons. Il faut à tout prix, en effet, éviter des contestations du genre de celles auxquelles ont donné lieu l'application de l'article 11 du décret du 23 mai 1863, rendu pour l'exécution du Sénatus-Consulte du 22 avril précédent.

La réforme que nous entreprenons aura pour résultat de modifier complètement la plupart des textes du Code civil et du Code de procédure civile relatifs a la propriété foncière. Or il est indispensable, à mon sens, que chaque modification apportée à des textes de nos Codes actuels ne soit réalisée que par un nouveau texte précis, émanant directement du pouvoir législatif. Un texte émanant du pouvoir exécutif serait certainement insuffisant pour assurer la solidité de cette modification, à moins que la faculté d'élaborer ce texte modificatif ne fût donnée d'une façon très précise et absolument indiscutable au pouvoir exécutif par une délégation émanant du législatif. Or, avec le grand nombre de modifications que nous allons être obligés d'apporter aux textes de nos Codes, il me paraît bien difficile d'élaborer une formule de délégation précise et complète couvrant entièrement toutes les modifications sans exception que nous devons réaliser. Dès lors, si la formule de délégation reste imprécise ou incomplète, la question de validité de chaque texte modificatif pourra toujours être soulevée par les intéressés et nous arriverons à multiplier les procès au lieu de les faire disparaître. Nous irons ainsi directement à l'encontre du but que doit réaliser le système Torrens,

Il me semble donc que presque toutes les dispositions du projet qui vous est soumis doivent rester dans le domaine de la loi ; et je ne vois guère la possibilité de les renvoyer à un règlement.

M. Maginot.— Sans méconnaître la valeur de ces considérations, je crains que nous ne tombions dans l'excès inverse des auteurs du Sénatus-Consulte. A mon avis, le projet fait une part trop considérable à la loi et réduit d'une manière exagérée le domaine de la réglementation.

M. Luciani.— L'observation de M. Maginot me paraît devoir être retenue car il est de principe que la loi se borne à établir les points essentiels et s'en remette à un règlement pour fixer les multiples détails que comporte son exécution. D'une manière générale, la loi est donc brève et le règlement développé. Dans le cas actuel, ce serait l'inverse qui se produirait. Je crois dès lors que nous devons chercher à réduire le projet, mais ne pensez-vous pas, messieurs, que nous ne pourrons nous prononcer définitivement à ce sujet qu'au cours de l'examen détaillé de chacun de ses articles ?

M. Tédeschi.— Je serais d'avis d'insérer dans la loi tout ce qui concerne les formalités de l'immatriculation, attendu que ces formalités comportent des déchéances très sévères. C'est d'ailleurs dans ce sens qu'avait été élaborée la loi du 26 juillet 1873 qui prévoyait notamment le détail des opérations préalables à l'établissement du titre de propriété.

M. Mallet. — Les difficultés que nous aurons à résoudre au cours de l'examen du projet proviendront surtout de l'absence de critérium pour déterminer exactement ce qui doit être réservé à la loi et ce qui peut être réglementé par le pouvoir exécutif.

M. Maginot. — Il n'est pas nécessaire, à mon avis, d'avoir un critérium intangible. Du moment que les dispositions du règlement d'administration publique ne vont à l'encontre d'aucun des principes de la loi dont il est en quelque sorte le prolongement, le règlement peut s'étendre à toutes les matières pour lesquelles le législateur lui aura donné délégation. Le pouvoir législatif est maître, du moment qu'il ne se dépouille pas de ses attributions essentielles, de consentir une délégation aussi large qu'il le juge utile.

M. Luciani. — L'article 35 du projet soumis au Parlement avait effectivement cherché à préciser les matières qui seraient réglementées par décret, mais j'estime que cette méthode est dangereuse car, en procédant par voie d'énumération, on n'est jamais sûr de ne pas oublier une disposition essentielle. A mon avis, il serait préférable d'insérer dans l'article de la loi qui contiendra la délégation au pouvoir exécutif une formule compréhensive analogue à celle qui figure dans un grand nombre de lois.

M. Pouyanne. — Etant donné qu'il s'agit d'une réforme modifiant profondément la législation en vigueur, je crains que cela ne donne lieu à des discussions qui auront pour effet d'ébranler l'autorité du nouveau régime et peut-être même de la mettre en échec.

M. Maginot. — Pour éviter les inconvénients signalés par M. le Président et par M. Pouyanne, on pourrait indiquer au fur et à mesure de l'adoption des articles, les dispositions qui seront renvoyées au règlement d'administration publique et insérer à la fin de notre texte une formule générale comme celle dont le législateur se sert souvent pour déléguer au pouvoir réglementaire le soin de déterminer les conditions d'application de la loi. De cette manière, on éviterait de faire une énumération longue et peut-être incomplète et la délégation serait néanmoins suffisamment compréhensive pour qu'on n'ait pas à redouter de voir mettre en discussion la légalité des prescriptions édictées par le règlement d'administration publique.

Cette proposition est adoptée à l'unanimité par la Commission.

M. Luciani. — De la discussion qui vient d'avoir lieu, il résulte que notre mission consistera à examiner si les dispositions du projet sont susceptibles d'être adoptées et doivent figurer dans la loi ou le règlement d'administration publique, à arrêter le texte à soumettre au Parlement et préparer en même temps le règlement d'administration publique qui en déterminera les conditions d'application de manière à permettre au Gouvernement de juger comment la la nouvelle législation sera interprétée.

Mais avant de passer à la discussion des articles, vous serez certainement d'accord avec moi pour exprimer à M. Pouyanne nos vifs remerciements pour le travail si complet et si consciencieux qu'il nous a présenté. Nous sommes heureux de rendre hommage à la science et au dévouement dont il a fait preuve en cette circonstance.

Je prie M. Maris de donner lecture de l'article premier du projet.

Art. 1er. — *L'immatriculation d'un immeuble consiste dans la création d'un titre formant le point de départ unique de la propriété, et dans l'insertion de ce titre dans un registre foncier.*

Cet article étant la reproduction textuelle de l'article premier du projet déposé à la Chambre est adopté sans discussion par la Commission.

M. Maris donne lecture de l'article 2 ci-après :

Article 2. — *L'immatriculation est facultative. Exceptionnellement, l'immatriculation est obligatoire, dans tous les cas de vente ou de concession de terrains domaniaux. Dans ces cas, l'immatriculation sera opérée antérieurement à la vente ou à la concession, aux frais avancés par l'Etat, sauf pour lui à les recouvrer, s'il y a lieu, à l'encontre des acquéreurs ou concessionnaires, dans les conditions qui seront ultérieurement déterminées par un décret.*

Les deux premières phrases de cet article sont adoptées sans discussion.

M. Mallet. — Je propose de supprimer la phrase finale. J'estime, en effet, qu'il est préférable que l'immeuble domanial concédé ou vendu soit immatriculé sur la tête du concessionnaire ou de l'acquéreur ; d'autre part, je ne vois pas pourquoi l'Etat prendrait à sa charge une partie quelconque des frais d'immatriculation.

M. Tédeschi. — Je crois, au contraire, que l'immatriculation de cette catégorie d'immeubles doit toujours être faite par les soins de l'Etat antérieurement à la vente ou à la concession. Etant donné en effet que le régime de l'immatriculation constitue un progrès et un avantage, il est naturel que l'Etat en fasse bénéficier les biens qu'il cède aux particuliers. Au point de vue de l'inscription des droits, il n'y aurait, d'autre part, aucun intérêt à ce que l'immatriculation soit faite au nom du concessionnaire ou de l'acquéreur puisqu'il suffira de faire constater par une simple inscription sur le titre de propriété, le passage de l'immeuble entre les mains de ce dernier. L'Etat a, au surplus, avantage à ce que tous ses immeubles soient immatriculés car leur soumission à ce régime ne pourra que leur donner de la plus value.

M. Mallet. — Je crois devoir faire remarquer qu'au point de vue de la sûreté du droit de propriété, l'immatriculation n'améliorera pas sensiblement la situation des immeubles domaniaux qui, à cet égard, présentent déjà toutes garanties pour les acquéreurs. Quant aux avantages que ceux-ci pourraient en retirer plus tard au point de vue des facilités de crédit, la question n'a pas à être envisagée. Dans ces conditions, il ne semble pas que l'immatriculation puisse augmenter d'une manière appréciable la valeur des biens de l'Etat.

M. Pouyanne. — Il n'en demeure pas moins vrai que l'obligation pour les concessionnaires ou les acquéreurs de faire procéder à l'immatriculation des biens de l'Etat les mettrait dans le plus sérieux embarras. On se représente mal un immigrant qui, pour prendre possession de sa terre, se verrait contraint de remplir des formalités longues et difficiles dont la portée lui échapperait. Une pareille obligation serait de nature à le décourager complètement et par suite à arrêter l'immigration de nos nationaux dans la Colonie. Pour cette raison, il est indispensable que l'Etat offre aux colons une terre toute immatriculée.

M. Luciani. — Je mets aux voix la question de savoir s'il y a lieu de maintenir la disposition suivante qui fait l'objet de la discussion :

« Dans ces cas, l'immatriculation sera opérée antérieurement à la vente ou à la concession ».

La majorité de la Commission se prononce pour l'affirmative.

M. Tédeschi. — L'immatriculation des immeubles domaniaux ne donnera lieu qu'à des formalités très simples car ces immeubles ne sont en général grevés d'aucun droit et le plan en est déjà établi. Etant donné le peu d'importance des frais que l'opération entraînera, je demande qu'ils soient toujours entièrement supportés par la Colonie.

M. Luciani. — La raison invoquée par M. Tédeschi pour imputer ces frais sur le budget spécial me semble au contraire justifier leur prise en charge par les concessionnaires ou les acquéreurs.

M. Mallet, — Je ne vois aucune raison pour imposer d'office une telle dépense au budget spécial. Il s'agit là, au surplus, d'une disposition qui n'est pas du domaine de la loi et qui ne devrait, en tout état de cause, y être insérée qu'après adhésion des assemblées algériennes.

M. Tédeschi. — Cette dépense serait justifiée par l'intérêt public qui s'attache à ce que le plus grand nombre possible d'immeubles soient placés sous le régime de l'immatriculation. A ce propos, je crois utile de rappeler que, pour le même motif, la commission qui avait élaboré le premier projet s'était prononcée pour la participation de l'Algérie dans les dépenses qu'entraînera le fonctionnement de la nouvelle législation. Or, je ne vois rien dans le projet actuel qui consacre cette disposition. Je demande que la question soit examinée.

M. Maginot. — Je me rappelle, en effet, que la Commission qui a préparé le projet soumis aux Délégations financières avait proposé de mettre à la charge de la Colonie le tiers des frais qu'entraînera l'application du nouveau régime. Mais on reconnut que la quote part à imposer au budget spécial dans cette dépense ne pouvait être fixée que par les assemblées algériennes après que le texte définitif de la loi aurait été arrêté par le Parlement. C'est ce qui explique l'absence de toute disposition de cette nature dans le projet qui a été soumis à la Chambre. Ces raisons n'ayant rien perdu de leur valeur, j'estime que le nouveau projet doit également rester muet sur ce point.

M. Mallet. — Cette manière de voir s'impose d'autant plus qu'il y aurait les plus graves inconvénients à fixer la quote part de la Colonie d'une manière invariable, car si le nombre des requêtes en immatriculation devenait trop considérable, le budget pourrait se trouver dans l'impossibilité de faire face à la dépense qui lui serait imposée par la loi.

M. Maginot. — En ce qui concerne les frais occasionnés par l'immatriculation des immeubles domaniaux, l'Etat devra nécessairement en faire l'avance puisque l'immatriculation sera opérée antérieurement à la vente ou à la concesion. Quant à savoir dans quelle mesure et sous quelle forme il pourra en exiger le recouvrement, c'est là une question d'ordre secondaire qui, comme celle de la tarification des frais à exiger des particuliers lorsqu'ils recourront à l'immatriculation, rentre dans le domaine de la réglementation. Il y a donc lieu de la réserver pour le décret qui déterminera les conditions d'application de la loi. Aussi, serais-je d'avis de supprimer la fin de l'article 2 à partir des mots : *« aux frais avancés par l'Etat, sauf pour lui à les recouvrer.... »*

M. Luciani. — Je crois utile de faire remarquer que les explications qui viennent d'être données répondent aux observations formulées par M. le Ministre des Finances au sujet des conditions dans lesquelles seront déterminés les frais de toute nature occasionnés par le fonctionnement de la loi. Je vous prie, messieurs, de vous prononcer sur la proposition qui consiste à maintenir l'article 2 jusqu'aux mots : *« aux frais avancés par l'Etat.... »*.

A l'unanimité, la Commission adopte.

Il est donné lecture de l'article 3 ci-après reproduit :

Article 3. — *Les règles du code civil sur la distinction des biens meubles et immeubles, sur la transmission des droits réels et immobiliers et sur la dévolution successorale testamentaire ou ab intestat sont applicables aux immeubles immatriculés, en tout ce qu'elles n'ont pas de contraire à la présente loi.*

M. Tédeschi. — Au cours des travaux de la première commission, j'avais fait remarquer, à l'occasion de l'examen de cet article, que le régime de la dotalité paraissait incompatible avec celui de l'immatriculation. Un immeuble grevé de dotalité se trouve en effet placé en dehors de la circulation et comme frappé d'interdit. Pour ce motif, j'avais demandé qu'en aucun cas, les immeubles immatriculés puissent être dotalisés.

La commission ne crut pas devoir me suivre sur ce point, mais en raison de l'intérêt que présente la question, je crois devoir insister pour qu'elle fasse l'objet d'un nouvel examen.

M. Mallet. — Ainsi que je l'ai fait observer au cours de la discussion rappelée par M. Tédeschi, je ne crois pas que cette question rentre dans le cadre de notre étude. Il me paraît difficile, en effet, à l'occasion d'une réforme immobilière, de modifier une matière touchant au statut du mariage. Nous devons, à mon avis, nous renfermer exclusivement dans les limites de la mission qui nous est assignée,

M. Maginot. — Je ferai observer que, par ailleurs, notre projet transforme le caractère de l'hypothèque légale de la femme mariée, matière qui semble bien relever du même statut que la dotalité. Je ne verrais donc pas d'inconvénient, pour mon compte, à ce que la commission se ralliât à la proposition de M. Tédeschi.

M. Luciani. — Etant donné que la dotalisation constitue une entrave aux transactions immobilières, et que nous cherchons à assurer à ces transactions le maximum de facilités, j'estime, comme M. Maginot, que la proposition de M. Tédeschi tendant à sa suppression rentre bien dans le cadre des questions que la commission est chargée d'étudier. En ce qui me concerne, je serais d'avis de compléter l'article 3 par une disposition donnant satisfaction à notre collègue.

M. Tédeschi. — Si vous le voulez bien, je préparerai un texte que je soumettrai à votre examen dans une prochaine réunion.

La commission donne son assentiment à cette proposition.

Il est donné lecture de l'article 4 ainsi conçu :

Article 4. — *Lorsqu'un indigène est propriétaire d'un immeuble immatriculé, cet immeuble est soumis au statut successoral musulman ou kabyle pour tout ce qui concerne l'ordre et le rang des héritiers, la détermination de leurs droits héréditaires, la validité et la forme des testaments ou des legs, le quantum et la quotité disponible.*

Les indigènes propriétaires d'immeubles immatriculés peuvent constituer sur ces immeubles des habous aux termes du droit musulman, sauf application de l'article 17 § 1 de la loi du 16 juin 1851 et du décret du 30 octobre 1858.

M. Pouyanne. — J'avais appelé l'attention de la commission sur les graves difficultés qui naîtraient de l'application de la loi musulmane à la dévolution successorale des immeubles immatriculés et j'avais proposé de décider que les transmissions après décès de ces immeubles seraient réglées par le Code Civil ou par une loi spéciale à déterminer, mais en tout cas beaucoup plus simple que la loi musulmane actuelle. Bien que ma proposition n'ait pas été adoptée par les assemblées algériennes, je crois de mon devoir d'appeler à nouveau l'attention de la commission sur ce point important. Je persiste à croire, en effet, que le maintien de la loi successorale musulmane est de nature à entraver sérieusement le fonctionnement de la nouvelle législation immobilière par la confusion et la complication qu'elle apportera fatalement, au bout d'un certain temps, dans les titres de propriété et les registres fonciers. Les inconvénients qui résultent de l'application de cette loi, en Tunisie, commencent en effet à faire l'objet de certaines appréhensions et je pense que nous devrions chercher à les éviter en Algérie.

M. Luciani. — La question que vient de soulever M. Pouyanne a été définitivement réglée après avoir fait l'objet de très longues et très vives discussions. Dans ces conditions, j'estime que nous n'avons pas qualité pour la faire renaître.

M. Maginot. — Bien que je n'aie cessé de partager aucune des appréhensions de M. Pouyanne sur les conséquences que le maintien du statut successoral musulman pourra avoir sur le bon fonctionnement du nouveau régime, j'estime également qu'il n'y a pas lieu de revenir sur cette question. En modifiant le projet dans le sens des observations de M. Pouyanne, on courrait en effet le risque de le faire échouer devant le Parlement. Je crois donc que, malgré les inconvénients qui pourront en résulter, il convient d'adopter le texte proposé.

A propos de ce même article, je demanderai toutefois à M. Pouyanne de faire connaître les motifs pour lesquels il n'a pas cru devoir reproduire l'article 5 du projet soumis au Parlement et qui avait été inséré dans ce texte sur la demande de M. Ali Mahieddine, président de la délégation arabe.

M. Pouyanne. — L'article 5 du projet soumis au Parlement contenait une erreur de rédaction. Il paraissait résulter de ses dispositions que les indigènes pouvaient être astreints à demeurer en indivision pendant un délai de cinq ans à dater du point de départ de l'indivision. Cette conséquence pouvait en effet être déduite par *a contrario* des expressions : *« l'indivision ne pourra être prolongée au delà d'un délai de cinq ans..... le partage demandé au delà d'un délai de cinq ans..... etc..... »* Or, on sait que d'après la loi musulmane, aussi bien que d'après la loi française, le partage peut être demandé et obtenu par l'un des co-propriétaires à une époque quelconque. La loi musulmane n'a jamais empêché le partage en nature ou par cession de droits indivis, elle a mis seulement quelques obstacles à la licitation.

La seule disposition utile de l'article 5 consistait en ce que les partages entre indigènes devaient être effectués par la Chambre des Immatriculations. J'ai cru devoir la retenir, mais en la renvoyant avec les développements qu'elle comporte au titre VIII consacré aux dispositions de procédure.

M. Luciani. — Je me demande si, pour éviter toute discussion, dans le cas où l'énumération contenue dans l'article 4 ne serait pas complète, il ne serait pas préférable de supprimer la fin de la première phrase à partir des mots : « *Pour tout ce qui concerne l'ordre....* » De même, est-il bien nécessaire de spécifier que les immeubles immatriculés appartenant à des indigènes pourront faire l'objet de constitution de habous ?

M. Pouyanne. — L'énumération des matières qui

demeureront soumises au statut successoral musulman ou kabyle me paraît complète. Elle précise la portée de la réserve importante qui est faite au profit des indigènes. Il y a donc intérêt à la maintenir. D'autre part, il est préférable à mon avis de de stipuler que les habous pourront être constitués sur des immeubles immatriculés afin qu'aucun doute ne puisse s'élever à cet égard. Etant donné que le habous constitue un moyen de remédier aux inconvénients de la loi successorale musulmane, j'estime qu'il y a tout avantage à ce que les indigènes propriétaires d'immeubles immatriculés soient assurés d'une manière indiscutable de pouvoir recourir à ce mode de dévolution.

M. Luciani. — En présence de ces explications, je vous consulte, messieurs sur le maintien de l'intégralité du texte de l'article 6.

Adopté.

La séance est levée à 11 h. 1/2.

Le Président, LUCIANI.

Le Secrétaire, MARIS.

3e SÉANCE

Séance du 24 décembre 1906 (soir)

Tous les membres de la commission sont présents, à l'exception de M. Morand, excusé.

La discussion s'engage sur l'article 5 dont le secrétaire donne lecture :

Article 5. — *Peuvent seuls requérir l'immatriculation :*

1° Le propriétaire et le co-propriétaire ;

2° Les détenteurs des droits réels d'usufruit et d'amphytéose ;

3° Tout détenteur d'une terre dite collective de culture, arch ou sabega, et tout bénéficiaire d'une promesse de vente consentie par ce détenteur.

M. Luciani. — Ainsi que vous avez pu le constater, Messieurs, l'article 5, en précisant les personnes qui peuvent requérir l'immatriculation, donne satisfaction à M. le Ministre de la Justice qui avait fait remarquer que le projet présentait sur ce point une lacune.

M. Tédeschi. — Permettez-moi de rappeler que, lors de l'étude du premier projet, j'avais proposé d'admettre le créancier hypothécaire au nombre des personnes pouvant requérir l'immatriculation. Sur les observations de M. Mallet, la commission rejeta ma proposition. Mais elle présente à mes yeux une telle importance que je crois devoir la renouveler. Il y a en effet le plus grand intérêt au point de vue de la sécurité du prêt à ce que le détenteur d'une hypothèque puisse faire passer sous le nouveau régime l'immeuble qui garantit sa créance. D'autre part, cette disposition augmenterait le nombre des immatriculations, ce qui n'offre pas moins d'intérêt.

M. Maginot. — Le même résultat pourra être atteint sans qu'il soit nécessaire de faire intervenir la loi. Il suffira que le prêteur fasse de l'immatriculation la condition de son prêt.

M. Mallet. — Sans nier l'intérêt qui s'attache à favoriser les immatriculations, je ne puis que m'élever contre l'extension abusive de ce principe. A mon avis, il serait exorbitant de permettre la transformation du régime d'un immeuble uniquement parce qu'il serait grevé d'une hypothèque. Je n'ignore pas que cette faculté est accordée par la loi tunisienne au créancier hypothécaire, mais la situation est toute autre en Algérie, où le Code Civil offre aux prêteurs des garanties que le créancier ne trouve en Tunisie que dans le régime de l'immatriculation. Je ne puis donc que m'opposer à nouveau à l'adoption de la proposition de M. Tédeschi.

M. Luciani. — Cette question a été longuement examinée par la première commission qui l'a résolue négativement. Je ne crois pas que nous devions faire revivre les discussions auxquelles elle a donné lieu. Je vous propose donc de nous en tenir au texte adopté sur ce point par la commission précédente.

Adopté.

Lecture est donnée de l'article 6 ci-après :

Article 6. — *La personne qui requiert l'immatriculation adresse au Conservateur de la Propriété foncière une requête signée d'elle ou d'un mandataire muni d'une procuration spéciale. Cette requête contient :*

1° Ses nom, prénoms, surnoms, âge, profession, domicile et état-civil, avec indication si le requérant est ou non marié, s'il exerce ou non une tutelle ;

2° Description de l'immeuble portant : indication de sa situation, de sa contenance, des constructions ou plantations qui s'y trouvent, de sa valeur vénale et de sa valeur locative, des tenants et aboutissants ;

3° Déclaration qu'on requiert l'immatriculation de l'immeuble ainsi désigné, qualité en laquelle on requiert cette immatriculation, nom sous lequel on désire que l'immeuble soit immatriculé ;

4° Election de domicile pour les communications qui seront adressées au requérant au cours de la procédure d'immatriculation.

A cette requête seront jointes les pièces suivantes :

1° La liste des personnes qui sont propriétaires ou détenteurs des immeubles limitrophes de celui dont l'immatriculation est requise, avec indication de leur résidence. Cette liste devra être certifiée conforme à la réalité par le Maire ou l'Administrateur de la commune ;

2° Liste des propriétaires successifs de l'immeuble connus du requérant ;

3° Liste des droits réels existant sur l'immeuble à la connaissance du requérant et indication des titulaires de ces droits.

Le requérant est responsable vis-à-vis des tiers dans le cas où un droit réel connu de lui aurait été omis sur le titre de propriété faute d'indication utile de sa part.

Le requérant dépose, en même temps que la requête et les pièces sus-indiquées, tous les titres de propriété, contrats, actes publics ou privés et documents quelconques pouvant servir de justification à la requête, avec la traduction en français s'il y a lieu.

Si les documents qui peuvent servir de justification à la requête sont entre les mains de tiers détenteurs, le requérant indique les noms et domiciles de ces derniers au Conservateur, qui les invite, par voie administrative, s'il le juge utile, à déposer les dits documents entre ses mains, dans le délai d'un mois, sous peine de dommages intérêts.

En territoire arch, les pièces et justifications sus-indiquées sont remplacées par une décision administrative autorisant le possesseur de l'immeuble à requérir l'immatriculation.

M. Luciani. — M. le Ministre de la Justice avait fait observer que le projet n'indiquait pas explicitement à qui le requérant doit s'adresser pour faire immatriculer son immeuble. Le nouveau texte donne satisfaction à cette observation. Mais il me semble qu'une partie des dispositions de l'article 6 pourraient être renvoyées au règlement d'administration publique.

M. Maginot. — Je suis également de cet avis et je propose de remplacer la partie de l'article commençant à « *Cette requête* » jusqu'aux mots « *Le requérant est responsable...* » par la disposition suivante :

« *La forme de cette requête, les indications qu'elle*
« *doit contenir, ainsi que les pièces à y annexer seront*
« *déterminées par le règlement d'administration publi-*
« *que prévu à l'article....* ».

La commission adopte cette proposition.

M. Luciani. — Je crois nécessaire, au contraire, de maintenir dans le texte de la loi le passage relatif à la responsabilité du requérant vis-à-vis des tiers en cas d'ommission d'un droit réel sur le titre de propriété. Il s'agit là, en effet, d'une sanction que seul le législateur à le pouvoir d'instituer.

Adopté.

M. Luciani. — L'alinéa suivant : *Le requérant dépose en même temps....* n'a plus sa raison d'être en présence de la formule générale que la commission vient d'adopter. Les pièces qui s'y trouvent désignées se trouvent implicitement visées par l'expression : *ainsi que les pièces à y annexer...* Je propose donc sa suppression.

Adopté.

M. Tédeschi. — La disposition qui prévoit que les tiers détenteurs de documents nécessaires à l'expropriation seront tenus de les fournir au conservateur sous peine de dommages intérêts me paraît devoir être maintenue dans la loi.

M. Mallet. — Je suis également de cet avis ; mais il me semble nécessaire de modifier la forme de cette disposition, qui ne se trouve plus en harmonie avec la rédaction nouvelle que la commission vient d'adopter.

M. Tédeschi. — Pour donner satisfaction à l'observation de M. Mallet je propose d'y substituer la phrase suivante :

« *Les tiers détenteurs de documents nécessaires à* « *l'immatriculation sont tenus, sous peine de tous* « *dommages intérêts, de les déposer entre les mains du* « *conservateur dans le mois qui suit la mise en demeure* « *que ce dernier leur aura adressée.* »

Adopté.

Le dernier paragraphe de l'article 6 est maintenu sans discussion mais après avoir été légèrement modifié. Il est ainsi conçu :

« *En territoire arch, les pièces et justifications à* « *produire à l'appui de la requête sont remplacées* « *par une décision administrative autorisant le pos-* « *sesseur de l'immeuble à requérir l'immatricula-* « *tion.* »

Le secrétaire donne lecture de l'article 7 ci-après reproduit :

Article 7. — *Le requérant déposera en même temps, entre les mains du conservateur, une somme égale au montant présumé des frais d'immatriculation, tels qu'ils seront déterminés par arrêté du Gouverneur général.*

M. Luciani. — A l'occasion de cet article, je rappelle que M. le Ministre des Finances a émis l'avis que l'exigibilité et le taux des droits auxquels donneront lieu les diverses formalités du régime nouveau devront être fixées en la forme prescrite pour les créations, suppressions ou modifications d'impôts.

M. Maginot. — Je crois qu'il serait plus logique de faire fixer la somme que devra déposer le requérant par le règlement d'administration publique plutôt que par un arrêté du Gouverneur général comme le prévoit le projet. Nous avons en effet, dans le même ordre d'idées, décidé au cours d'une précédente séance que la fixation des frais d'immatriculation des immeubles domaniaux serait laissée à la règlementation.

M. Mallet. — Il y aurait intérêt à ce que les bases d'après lesquelles cette somme sera déterminée fussent arrêtées par le Gouverneur général, car il pourra le faire en tenant compte des dépenses occasionnées par le fonctionnement de la loi. Le Conservateur fixerait d'après ces bases la provision qui devrait être exigée du requérant.

M. Luciani. — J'estime comme M. Mallet que le Gouverneur général est qualifié pour déterminer le montant de la somme à déposer par le requérant. Cette somme ne constitue en effet qu'une provision dont la fixation est indépendante de celle des tarifs définitifs d'après lesquels sera liquidée la dépense à mettre à la charge du requérant. Ces tarifs devront au contraire être établis par le règlement d'administration publique. Je propose en conséquence la rédaction suivante :

Article 7. — *Le requérant déposera en même temps à titre de provision, entre les mains du conservateur, une somme dont le chiffre sera fixé par ce dernier d'après les bases établies par un arrêté du Gouverneur général.*

M. Mallet. — Je me demande s'il ne serait pas préférable que la provision fût, comme pour les enquêtes partielles organisées par la loi du 16 février 1897, versée entre les mains du receveur des contributions diverses.

M. Tédeschi. — Je vois des avantages sérieux à ce que ce soit le conservateur qui encaisse la provision. On évitera ainsi des complications nuisibles à la rapidité de la procédure. Rien ne s'oppose d'ailleurs à ce que le conservateur soit investi des fonctions de comptable. Je suis donc d'avis d'adopter la rédaction proposée par M. Luciani.

La commission se range à cette manière de voir.

Lecture est donnée de l'article 8 ci-après reproduit :

Article 8. — *Dans le plus bref délai possible après le dépôt de la requête, le conservateur fait insérer au Journal officiel de l'Algérie un extrait en français et en arabe du texte de la requête, et dans un journal de l'arrondissement de la situation des biens un avis très sommaire en français seulement, invitant les intéressés à se reporter pour les détails au Journal officiel.*

Il envoie au Chef du Service topographique, au Juge de Paix du canton et au Maire ou à l'Administrateur de la commune dans laquelle se trouve l'immeuble un placard extrait du Journal officiel, reproduisant cette insertion. Le Juge de Paix et le Maire ou l'Administrateur lui accusent réception de cette pièce.

Dans les quarante-huit heures, le Juge de Paix l'affiche dans son auditoire, le Maire ou l'Administrateur à la porte de la Mairie ou de la Justice de Paix, où elle reste jusqu'à l'expiration des délais fixés par l'article 15 ci-après. Le Maire ou l'Administrateur font en outre publier, à son caisse, l'extrait de la requête sur la place publique du siège de la commune et dans les marchés de leur territoire.

M. Tédeschi. — Je crois qu'il serait bon de fixer le délai dans lequel le conservateur sera tenu de publier l'extrait de la requête, afin que ce délai ne soit pas laissé à la discrétion de ce fonctionnaire.

M. Mallet. — Il me paraît difficile de le faire, car l'ouverture des formalités préalables à l'immatriculation est subordonnée à la production de documents qui, dans certains cas, ne pourraient être fournis dans le délai prévu par la loi. Il vaut mieux, à mon avis, s'en rapporter à la diligence du conservateur qui sera d'ailleurs soumis à la surveillance du Gouverneur général. Je suis en conséquence d'avis de maintenir le texte proposé.

Cet avis est adopté par la commission.

M. Mallet. — Ne conviendrait-il pas de préciser ce qu'il faut entendre par le *Journal officiel de l'Agérie?* On pourrait, en effet, se demander, d'après une observation faite par M. Larcher dans son traité de Législation algérienne, s'il s'agit du *Bulletin officiel* du Gouvernement général ou du *Mobacher*.

M. Luciani. — A mon avis, il ne peut y avoir aucun doute à cet égard. Le *Mobacher* constitue bien le journal officiel de la Colonie et il me paraît inutile de préciser.

Adopté.

M. Maginot. — M. le Ministre de la Justice nous fait observer qu'il est « *de toute nécessité de déterminer* « *dans la loi le mode de publicité qui doit mettre les* « *intéressés en demeure de protester.* » Satisfaction est donnée à cette observation par l'article 8. Mais ne pensez-vous pas, Messieurs, qu'une partie des dispositions contenues dans cet article n'ont qu'une importance secondaire et pourraient être insérées dans le règlement d'administration publique.

M. Pouyanne.— Je crois qu'il est nécessaire de maintenir dans la loi les prescriptions relatives à la publicité de la requête en immatriculation. Les mesures de publicité ont en effet une grande importance puisqu'elles ont pour objet de mettre les intéressés en mesure d'éviter les déchéances que comporte la procédure.

M. Luciani.—J'estime comme M. Maginot que nous pouvons abréger le texte proposé tout en donnant satisfaction aux observations du Ministre. C'est ainsi, notamment, qu'il me paraît inutile de prévoir que les publications devront être faites en arabe dans tous les cas. La publication en français suffira lorsqu'il s'agira d'immeubles appartenant à des européens. Elle ne devra être faite en arabe que lorsque l'immeuble appartiendra à un indigène, ou sera situé en territoire indigène.

M. Maginot.— A mon avis, on pourrait laisser au conservateur le soin de décider sous sa responsabilité en quelle langue les publications devront être effectuées. Je propose, en conséquence, de supprimer les indications que contient à ce sujet le premier paragraphe de l'article 8. L'expression « *un extrait du texte de la requête* » me paraît d'autre part devoir être rectifiée de la manière suivante « *un extrait de la requête* ».

M. Luciani.— Je mets aux voix la rédaction suivante du premier paragraphe de l'article 8 proposée par M. Maginot :

Dans le plus bref délai possible après le dépôt de la requête, le conservateur fait insérer au Journal officiel de l'Algérie un extrait de la requête, et dans le journal de l'arrondissement de la situation des biens un avis très sommaire, invitant les intéressés à se reporter pour les détails au Journal officiel.

Adopté.

M. Luciani. — Les deux autres paragraphes de l'article 8 ne contiennent que des dispositions de détail qui seront mieux à leur place dans le règlement d'administration publique. On pourrait dès lors leur substituer la disposition suivante :

« *Cet extrait sera en outre publié par les soins du* « *juge de paix, du maire ou de l'administrateur dans* « *la forme et les délais fixés par le règlement d'ad-* « *nistration publique prévu à l'article....* »

Adopté.

Le Secrétaire donne lecture de l'article 9 :

Article 9. — *Le conservateur de la propriété foncière établit à l'aide des indications qu'il trouve dans les titres et les déclarations du requérant, la liste des propriétaires successifs de l'immeuble et la transmet au conservateur des hypothèques de l'arrondissement où est situé l'immeuble. Ce dernier fonctionnaire adresse alors, dans le plus bref délai possible, au conservateur de la propriété foncière, une note sommaire indiquant les charges et droits réels subsistant à la date de la délivrance sur l'immeuble, du chef du requérant et des précédents propriétaires.*

Cet article est adopté sans observation.

Lecture est faite de l'article 10.

Article 10. — *Le Conservateur de la propriété foncière adresse aux personnes dont les noms sont révélés par cette note sommaire, au domicile élu par elles dans les inscriptions, une notification les invitant à intervenir à la procédure d'immatriculation si elles le jugent utile pour sauvegarder leurs droits. Il adresse une semblable notification aux titulaires de droits réels dont les droits n'auraient pas été rendus publics sur les registres hypothécaires, et qu'il a pu connaître par les déclarations du requérant ou par ses titres.*

Adopté sans observation.

L'article 11 est ainsi conçu :

Article 11. — *Le conservateur de la propriété foncière établit la liste des personnes, mineurs, interdits et femmes mariées, qui sont bénéficiaires d'hypothèques légales sur l'immeuble, et qui lui sont connues par les déclarations du requérant ou par ses titres. Il adresse ensuite aux femmes mariées, au subrogé tuteur des mineurs ou interdits, aux mineurs devenus majeurs, une notification les invitant à déclarer leur hypothèque légale et à la faire spécialiser par transformation en hypothèque forcée. Cette notification est adressée au domicile indiqué dans les titres ou par les déclarations du requérant.*

M. Tédeschi. — Il peut arriver que les mineurs n'aient pas été pourvus d'un tuteur. Je crois qu'il serait bon de prévoir que, dans ce cas, il faudra en faire nommer un. Pourquoi la notification prévue à l'article 11 doit-elle être faite au subrogé-tuteur et non au tuteur?

M. Pouyanne. — Afin de ne pas surcharger le projet, il m'a paru qu'il valait mieux laisser au Conservateur de la Propriété foncière le soin de prendre toutes les mesures conservatoires des droits des incapables et notamment de provoquer la nomination d'un tuteur. J'ai cru devoir, d'autre part, faire adresser la notification au subrogé-tuteur et non au tuteur, parce que souvent les intérêts de ce dernier pourront se trouver en opposition avec ceux du mineur.

M. Maginot. — L'article 11 contient l'expression *mineurs devenus majeurs*. Ne trouvez pas que cette expression a quelque chose de légèrement contradictoire?

M. Pouyanne. — C'est une expression qui est usitée dans le Code Civil. J'ai donc cru pouvoir l'employer dans notre projet.

L'article 11 est adopté sans modification par la commission.

Lecture est donnée de l'article 12.

Article 12. — *Dans les quarante cinq jours qui suivent l'insertion prescrite par l'article 8 au Journal Officiel, le chef du Service topographique, après avoir prévenu le Maire ou l'Administrateur, délègue un géomètre assermenté qui procède au bornage de l'immeuble, en présence du requérant ou lui dûment appelé par avis administratif et des voisins, sans s'arrêter aux protestations et oppositions qui peuvent se produire et qui sont consignées au procès-verbal. L'objet des revendications qui se manifestent au cours des opérations sera borné séance tenante.*

La date fixée pour le bornage est portée à la connaissance du public au moins vingt jours à l'avance par les mêmes procédés que les réquisitions ; les voisins sont prévenus individuellement de cette date par le chef du Service topographique. Des drapeaux sont plantés deux jours à l'avance sur des points apparents de la propriété à immatriculer, le procès-verbal de bornage constate les diligences faites à cet effet.

Il est procédé par les soins du Service topographique au levé du plan de l'immeuble, dressé conformément au bornage.

Le procès-verbal de bornage et le plan sont transmis par le chef du Service topographique au conservateur de la propriété foncière.

Les détails des opérations du bornage, le mode d'établissement du plan, les frais de bornage et du plan seront réglementés par arrêtés du Gouverneur Général.

M. Luciani. — Je serais d'avis de ne pas viser dans cet article le chef du Service topographique et de rédiger ainsi le premier paragraphe :

« *Dans les quarante-cinq jours qui suivent l'inser-*
« *tion prescrite par l'article 8 au Journal Officiel, un*

« *géomètre assermenté se rend sur les lieux et pro-*
« *cède au bornage de l'immeuble....*

Adopté.

M. Mallet. — Les dispositions insérées dans les paragraphes suivants de l'article 12 me paraissent plutôt être du domaine du règlement d'administration publique. Toutefois, pour donner satisfaction aux observations de M. le Ministre des Finances en ce qui concerne la nécessité de prévoir le bornage, la délimitation contradictoire et le lever des plans, on pourrait adopter la rédaction suivante :

« *La date fixée pour le bornage est portée à la con-*
« *naissance du public au moins vingt jours à l'avance*
« *par les mêmes procédés que la requête. Les voisins sont*
« *prévenus individuellement de cette date.*

« *Il est procédé, s'il y a lieu, au lever du plan confor-*
« *mément au bornage.* »

L'expression *s'il y a lieu* se justifierait par ce fait qu'un grand nombre de territoires ont fait l'objet de plans réguliers qui pourront être utilisés, s'ils sont reconnus avoir l'exactitude voulue. Il en résulte que pour les immeubles situés dans ces territoires, il ne sera pas nécessaire de procéder à un nouveau lever.

M. Luciani. — Je mets aux voix le texte proposé par M. Mallet.

Adopté.

L'article 13 est ainsi conçu :

Article 13. — *Le conservateur examine les pièces et titres produits par le requérant et vérifie s'ils sont conformes aux prétentions de ce dernier. Il établit la liste, l'assiette des droits réels existant sur l'immeuble, et il arrête l'ordre dans lequel ils doivent être inscrits sur le registre foncier, d'après l'ordre de priorité qui leur appartient selon la législation en vigueur au jour de la requête. Il veille enfin à ce qu'aucun droit immobilier des incapables ou des personnes non présentes ne soit lésé.*

En établissant la liste des droits réels existant sur l'immeuble, le conservateur inscrira à titre d'hypothèques forcées soumises aux dispositions du titre IV de la présente loi, les privilèges visés par l'article 2103 du Code civil, les hypothèques judiciaires et les hypothèques conventionnelles dont l'existence résulterait de la note sommaire qui lui aura été transmise par le conservateur des hypothèques et il déterminera le montant de la créance garantie par ces hypothèques ainsi que la date à laquelle remonte cette créance.

L'article 13 est adopté. Toutefois, sur la demande de M. Maginot, le texte en est légèrement modifié dans l'expression « d'après l'*ordre* de priorité... », le mot *ordre* est remplacé par le mot *rang*.

Le Secrétaire donne lecture de l'article 14 :

Article 14. — *Lorsque le bornage aura été exécuté, et que le conservateur a arrêté la liste et l'assiette des droits réels existant sur l'immeuble, le conservateur, après l'expiration du délai indiqué à l'article 27 ci-après, rédige un procès-verbal résumant les opérations faites jusqu'à ce moment. Notamment, ce procès-verbal indique que l'immeuble a été borné dans telles conditions, énumère les droits réels qui pèsent sur lui et mentionne les noms des titulaires de ces droits. Une expédition de ce procès-verbal, accompagnée d'une copie du plan, est adressée au juge de paix du canton, au maire ou à l'administrateur de la commune où se trouve l'immeuble ; et tous les intéressés peuvent demander à en prendre connaissance dans le bureau de ces fonctionnaires. Un avis est publié dans les conditions indiquées par l'article 8 au Journal Officiel de l'Algérie, mentionnant la clôture de ce procès-verbal et son envoi aux dits fonctionnaires.*

M. Maris. — Je remarque dans cet article l'expression « *procès-verbal provisoire et sommaire* ». Du moment que la procédure ne prévoit pas d'autre procès-verbal, il semble que l'on pourrait supprimer les mots « *provisoire et sommaire* » qui pourraient induire en erreur sur le véritable caractère de ce document.

M. Pouyanne. — J'ai cru devoir employer ces termes afin d'indiquer que le procès-verbal constitue, non pas un document définitif et intangible, mais seulement un projet de titre de propriété susceptible de modifications à la suite des oppositions qui pourraient se produire au cours de la procédure. Je ne vois néanmoins pas d'inconvénient à ce que ces mots ne figurent pas dans le texte.

La commission décide la suppression des mots « *provisoire et sommaire* ».

M. Mallet. — De mon côté, je crains que l'expression... « *procès-verbal résumant les opérations faites jusqu'à ce moment,* » qui se trouve dans le même article, ne prête à équivoque. A mon avis, il serait bon d'indiquer que le procès-verbal résumera non seulement les opérations, mais aussi les constatations effectuées. Je propose, en conséquence, de modifier la rédaction proposée de la manière suivante :

« .... *le Conservateur rédige un procès-verbal résumant les opérations et constatations effectuées.* »

Adopté.

Sur la proposition de M. Maginot, la Commission apporte également une légère correction de forme à la phrase suivante, qui est ainsi modifiée :

« *Ce procès-verbal indique notamment...* »

L'article 15 est ainsi conçu :

Article 15. — *A partir du jour de l'insertion au* Journal officiel *de l'avis prescrit par l'article 8, jusqu'à l'expiration d'un délai de deux mois à dater de l'insertion au* Journal officiel *de l'avis de clôture du procès-verbal prescrit par l'article précédent, les oppositions à l'immatriculation et réclamations, quelles qu'elles soient, contre les prétentions du requérant, contre le bornage ou contre les opérations du Conservateur sont reçues par le Conservateur de la propriété foncière, le Maire ou l'Administrateur et mentionnées sur des registres spéciaux tenus par ces fonctionnaires. Les tuteurs, représentants légaux, parents ou amis, le Procureur de la République et le Conservateur de la propriété foncière peuvent former directement opposition, au nom des incapables ou non présents.*

Adopté sans modifications.

Article 16. — A l'expiration du délai fixé à l'article précédent, les oppositions ou réclamations ne sont plus reçues et les personnes qui auraient pu les formuler sont définitivement déchues de leurs droits. Toutefois, le Conservateur pourra, dans l'intérêt des incapables et des non présents, former opposition, s'il y a lieu, jusqu'au moment où l'immatriculation aura été définitivement opérée par l'établissement du titre de propriété sur le registre foncier.

M. Luciani. — Je serais d'avis de supprimer la dernière phrase de cet article qui tend à faire du Conservateur le protecteur des mineurs et des incapables. Ce serait dénaturer le rôle de ce fonctionnaire. J'estime que la procédure offre par ailleurs suffisamment de garanties sans qu'il soit nécessaire de prévoir une exception en faveur de cette catégorie d'intéressés.

M. Maginot. — Cette disposition répond à une observation de M. le Ministre de la Justice qui a estimé que les droits des incapables (mineurs ou interdits) sont insuffisamment sauvegardés par le projet qui a été soumis à la Chambre. Mais, comme à M. le Président, elle ne me paraît cependant pas indispensable.

La Commission adopte la proposition de M. Luciani.

Lecture est donnée de l'article 17 ci-après :

Article 17. — *Les personnes qui sont titulaires d'hypothèques légales et celles qui sont bénéficiaires de privilèges généraux, ou leurs représentants légaux, doivent, pour conserver leurs droits, les déclarer au conservateur de la propriété-foncière. Ces déclarations sont faites par lettres adressées à ce fonctionnaire. Elles contiennent déclaration de l'hypothèque légale ou du privilège général, demande à les faire spécialiser par transformation en hypothèques forcées, indication du montant de la créance à garantir et de la date de cette créance ; il y sera joint toutes pièces justificatives utiles. Ces déclarations ne sont reçues par le conservateur que jusqu'à l'expiration du délai indiqué à l'article 15. Passé ce moment, les droits de ces personnes sont purgés et leurs titulaires en sont définitivement déchus. Cependant, les personnes qui peuvent prétendre au bénéfice d'une hypothèque forcée du chef du requérant aux termes de l'article 11 de la présente loi, pourront toujours obtenir inscription de la dite hypothèque après l'expiration du délai précité, en se conformant aux prescriptions indiquées à cet effet à la section III du titre IV.*

M. Luciani. — Je ne crois pas qu'il soit nécessaire de maintenir l'exception prévue dans la phrase finale de cet article. Du moment que le conservateur est obligé, en vertu de l'article 14, d'inscrire toutes les hypothèques qui peuvent grever l'immeuble, il me paraît inutile d'insérer une disposition spéciale en faveur de ceux qui seraient bénéficiaires d'une hypothèque forcée du chef du requérant. Il y a tout intérêt à ce que la loi ne contienne aucune disposition de nature à affaiblir la portée de la sanction inscrite dans l'article 17.

La commission se rallie à cette manière de voir. En conséquence, la dernière phrase de l'article 17 est supprimée.

La séance est levée à 6 heures du soir.

Le Président,
LUCIANI.

Le Secrétaire,
MARIS.

4e SÉANCE

Séance du 27 décembre 1906

La séance est ouverte à 2 heures 1/2 du soir.

Tous les membres sont présents, à l'exception de M. Morand, excusé.

M. Luciani. — Avant de poursuivre l'examen du projet, je désire vous proposer une méthode de travail qui me paraît de nature à abréger sensiblement la durée de nos discussions. Cette méthode consisterait à adopter purement et simplement les ar-articles du projet soumis au Parlement qui se trouvent reproduits in-extenso dans le projet actuel et qui n'ont fait l'objet d'aucune observation de la part des Ministres de la Justice et des Finances. La commission procèderait de même à l'égard des articles qui ont été empruntés au projet élaboré par la commission de 1901. Toutefois, pour ces derniers articles, elle examinerait s'ils doivent être insérés dans la loi ou dans le règlement d'administration publique, et s'il est nécessaire de leur faire subir des modifications de forme pour les mettre en harmonie avec le restant du nouveau texte. Etant donné l'étude approfondie dont ces deux projets ont été l'objet, j'estime, en effet, qu'il est tout à fait inutile de remettre en discussion les dispositions qui en sont extraites. Notre mission se bornerait dès lors à examiner les nouveaux articles que M. Pouyanne a introduit dans le texte actuel et à arrêter les changements qui devraient être apportés aux articles qui ont été critiqués par les Ministres.

A l'unanimité, la Commission adopte la méthode de travail proposée par M. Luciani.

Lecture est donnée de l'article 18 ci-après :

Article 18. — *A l'expiration du délai imparti pour faire opposition par l'article 15, le Juge de paix et le Maire ou l'Administrateur envoient au Conservateur de la propriété foncière :*

1° Les procès-verbaux et pièces relatifs aux oppositions portées devant eux ; sinon un certificat négatif ;

2° Les certificats constatant l'accomplissement des formalités d'affichage et de publication.

Cet article étant la reproduction de l'article 13 du projet de la première commission est adopté sans discussion. La Commission se prononce, en outre, pour son maintien dans le texte de la loi.

L'article 19 est ainsi conçu :

Article 19. — *Après l'expiration du délai imparti par l'article 16 et la réception des pièces indiquées à l'article précédent, le Conservateur procède à l'immatriculation et à l'établissement du titre de propriété, conformément à l'article 45 ci-après, si aucune opposition ou réclamation n'a été formée, ou s'il en a été donné main levée, si la demande ne soulève aucune instance en partage, et s'il n'a point été fait de déclaration d'hypothèques légales ou de privilèges généraux.*

Adopté dans les mêmes conditions que l'article 18.

Article 20. — Après l'immatriculation, le conservateur annule en apposant une griffe d'annulation et le timbre de la conservation sur toutes les pages, et annexe à ses archives les anciens titres de propriété produits à l'appui de la réquisition d'immatriculation. Toutefois, si ces titres concernent, outre la propriété immatriculée, un immeuble distrait de cette propriété, le conservateur remet aux parties le titre commun, après y avoir apposé une mention d'annulation relative à l'immeuble immatriculé.

M. Maginot. — La commission ne pense-t-elle pas que les dispositions de cet article sont d'ordre réglementaire et pourraient être renvoyées au décret ?

M. Pouyanne. — Ces dispositions et particulièrement celles contenues dans la seconde phrase sont très importantes puisqu'elles ordonnent l'annulation des anciens titres concernant l'immeuble immatriculé. Elles me paraissent donc devoir être consacrées par la loi.

La commision se rallie à cette manière de voir.

M. Luciani. — Je tiens à appeler votre attention sur l'économie du chapitre second du projet actuel. Ce chapitre qui est formé des articles 21 à 44 est consacré aux incidents de la procédure d'immatriculation. Il se subdivise en trois paragraphes correspondants aux diverses natures d'incidents qui peuvent se produire. Le paragraphe I est relatif aux contestations entre le requérant et le conservateur. Le paragraphe II concerne les immeubles possédés à l'état d'invision et les instances en partage préalables à l'immatriculation. Enfin le paragraphe III contient les dispositions applicables en cas d'oppositions à l'immatriculation et de réclamations des prétendants droit à la propriété ou à des droits réels, et en cas de spécialisation d'hypothèques légales ou de privilèges généraux à transformer en hypothèques forcées. Pour chacune de ces diverses catégories d'incidents, le projet prévoit une procédure spéciale qui nécessite l'intervention de la Chambre des immatriculations. Indépendamment de cette procédure spéciale, les articles 204 à 224 du projet organisent la procépure générale qui devra être suivie devant la Chambre des immatriculations ainsi que devant la juridiction d'appel.

Or, je remarque que le projet élaboré par la première commission prévoyait tous ces incidents et posait les règles de la procédure à suivre devant la Chambre des immatriculations. C'est ainsi que les contestations qui peuvent s'élever entre le requérant et le conservateur sont prévues par le 2e paragraphe de l'article 10 de ce projet dont je vous donne lecture :

Si les justifications fournies par le requérant paraissent insuffisantes, il (le conservateur) refuse l'immatriculation par décision motivée. Le requérant peut appeler de cette décision devant la chambre des immatriculations par voie de requête adressée au président de la dite chambre. Cette requête pourra être présentée dans le délai d'un mois à partir du jour où il aura eu connaissance de la décision du conservateur. Le tribunal se borne à trancher la difficulté pendante entre le conservateur et le requérant suivant la procédure prévue à l'article 18 ci-après et à ordonner soit qu'il sera passé outre à l'immatriculation, soit, au contraire, que le requérant aura à produire telles justifications.

D'autre part, les articles 16 à 25 de ce même projet visent explicitement les instances en partage et les spécialisations d'hypothèques légales ou de privilèges généraux ainsi que les diverses oppositions soulevées par la requête. Enfin, une procédure est organisée par ces articles en vue de la solution par la Chambre des immatriculations de tous les litiges provoqués par les requêtes d'immatriculation. J'estime, pour ma part, que le texte de la première commission, qui se bornait à poser les principes, présente toute la précision et la compréhension nécessaires et doit être préféré aux dispositions trop détaillées du projet actuel. En conséquence et sous réserve d'un nouvel examen, je vous propose de le substituer aux articles 21 à 44 et 204 à 224 de ce dernier projet et de renvoyer au règlement d'administration publique les détails de procédure que prévoient ces articles.

Cette proposition est adoptée par la commission.

M. Luciani. — Nous allons maintenant examiner successivement chacune des dispositions contenues dans les articles 10 et 16 à 25 de l'ancien projet.

En ce qui concerne les constestations qui peuvent s'élever entre le requérant et le conservateur, l'adoption du 2e paragraphe de l'article 10 permettra de condenser en un seul article tous les principes posés en cette matière par les articles 22 à 26 du projet de M. Pouyanne. J'appelle en outre votre attention sur ce point que le pourvoi contre la décision du conservateur sera directement adressé au Président de la Chambre des immatriculations et non au Conservateur comme le prévoit le projet de M. Pouyanne. Cela me paraît beaucoup plus logique.

M. Tédeschi. — Je partage également cette manière de voir. Mais j'estime qu'il conviendrait de préciser le point de départ du délai d'un mois pendant lequel le réquérant peut faire appel de la décision du Conservateur. L'expression « *à partir du jour où il aura eu connaissance* » adoptée par la première commission, laisse la porte ouverte aux contestations parce que le requérant pourra discuter sur la date à laquelle la décision attaquée aura été portée à sa connaissance. Or, il importe que cette décision ne puisse être mise en discussion après un certain temps. Pour couper court à toute difficulté, je serai donc d'avis de modifier le texte de la commission de la manière suivante :

« *Cette requête pourra être présentée dans le délai* « *d'un mois à partir du jour de la notification de la* « *décision du Conservateur.* »

M. Mallet. — Comme M. Luciani, je suis partisan de substituer le deuxième paragraphe de l'article 10 du projet de la commission aux articles 22 à 26, mais je désirerais connaître la signification exacte des mots *se borne* dans la phrase : « *Le Tribunal se* « *borne à trancher la difficulté pendante entre le* « *Conservateur et le requérant.* »

M. Pouyanne. — Par ces mots, on a voulu spécifier que la Chambre des immatriculations limiterait son intervention exclusivement à juger le différend survenu entre le Conservateur et le requérant de manière à éviter tout empiètement de sa part sur les attributions du Conservateur.

M. Maginot. — Je donne également mon adhésion à la proposition de M. Luciani. Toutefois, il me paraît nécessaire de compléter l'énumération des diverses décisions qui pourraient être prises par la Chambre des Immatriculations, de manière à prévoir tous les cas qui pourront se produire. La phrase finale du texte proposé pourrait, en conséquence, être ainsi rédigée : « *Le Tribunal se borne.... et à* « *ordonner soit qu'il sera passé outre à l'immatriculation, soit que le requérant aura à produire telles* « *justifications, soit enfin que l'immatriculation sera* « *refusée.* »

La Commission adopte ces diverses propositions et décide, en outre, de substituer, dans la phrase précédente, au mot *Tribunal* l'expression la *Chambre des Immatriculations*. En conséquence, les articles 21 à 26 sont remplacés par la disposition suivante, qui forme le nouvel article 21 :

Article 21. — *Si les justifications fournies par le requérant lui paraissent insuffisantes, le Conservateur refuse l'immatriculation par décision motivée. Le requérant peut appeler de cette décision devant la Chambre des Immatriculations par voie de requête adressée au Président de la dite Chambre. Cette requête pourra être présentée dans le délai d'un mois à partir de la notification de la décision du Conservateur. La Chambre des Immatriculations se borne à trancher la difficulté pendante entre le Conservateur et le requérant, suivant la procédure prévue à l'article ci-après, et à ordonner soit qu'il sera passé outre à l'immatriculation, soit que le requérant aura à produire telles justifications, soit enfin que l'immatriculation sera refusée.*

L'examen des articles 16 et 17 du projet de la première commission ne donnent lieu à aucune observation. Ils sont, en conséquence, adoptés sans modification et deviennent les articles 22 et 23 du projet arrêté par la Commission actuelle. Ces articles sont ainsi conçus :

Article 22. — Si des oppositions ou réclamations non suivies de main levées ont été formées dans les délais, ou si la demande soulève une instance en partage ou une question de spécialisation d'hypothèques légales ou de privilèges généraux, le Conservateur transmet au Juge rapporteur du Tribunal de première instance du lieu de la situation de l'immeuble le dossier tout entier comprenant : 1° les pièces relatives à la demande en immatriculation ; 2° les pièces relatives aux diverses oppositions et réclamations ; 3° les pièces relatives aux instances en partage ou en spécialisation que le Conservateur introduit par voie de requête adressée au Président de la Chambre des immatriculations.

Article 23. — Le Juge rapporteur met les opposants

en demeure de lui faire parvenir leur requête introductive d'instance dans un délai de quinze jours, augmenté du délai des distances. Si, dans ce délai, la requête introductive d'instance n'est pas produite, il déclare, par ordonnance, le réclamant déchu de ses droits.

La requête introductive d'instance doit contenir, indépendamment d'une élection de domicile au chef-lieu d'arrondissement, tous les moyens invoqués par le réclamant et être accompagnée des pièces à l'appui, avec traduction s'il y a lieu. Le Juge rapporteur invite toutes les parties intéressées à en prendre connaissance au greffe du Tribunal, sans déplacement, et à y répondre par écrit dans un délai déterminé.

Lecture est donnée de l'article 18 de l'ancien projet devenu l'article 24 du projet actuel.

Article 24. — *Le juge rapporteur procède ensuite à l'instruction complète tant des instances en partage ou en spécialisation d'hypothèques que des diverses oppositions soulevées par la requête. Il peut ordonner dans ce but toutes mesures d'instruction qu'il estime utiles. S'il estime qu'une opposition présente un caractère téméraire ou vexatoire, et qu'une expertise ou toute autre mesure d'instruction soit nécessaire pour la vider, il dispose, dans son ordonnance que les frais de cette mesure seront avancés par l'opposant dans un délai de huitaine à peine de déchéance. L'opposant qui n'aura pas fait l'avance des frais dans le dit délai est définitivement déchu de ses droits.*

M. Pouyanne. — Je crois devoir appeler votre attention sur la nécessité qu'il y a, selon moi, à prévoir dans la loi une procédure spéciale de partage pour les immeubles possédés à l'état d'indivision qui feront l'objet de demande en immatriculation.

Cette question offre, en effet, un intérêt de premier ordre en Algérie où l'indivision constitue la règle habituelle pour la propriété indigène. Les requérants musulmans, et même les requérants européens qui auront acheté des terres indigènes, ne posséderont généralement que des droits indivis. Les incidents que cette situation fera naître seront donc certainement très nombreux.

Or, tel qu'il est rédigé, l'article 18 du projet de la 1re commission ne répond pas à ces besoins, Il donne au juge rapporteur le pouvoir de procéder au partage dans les formes prévues par le Code Civil alors qu'il est indispensable de recourir à une procédure plus simple, plus rapide et qui ne porte autant que possible aucun préjudice à la situation des propriétaires étrangers à la requête. Cette procédure ne pourra d'ailleurs être instituée que par la loi, car il s'agit d'une procédure dérogatoire au droit commun qui ne peut être renvoyée au règlement d'administration public. Il est donc nécessaire d'insérer dans le projet de loi au moins les principes d'après lesquels sera opéré le partage des immeubles à immatriculer.

M. Mallet. — J'ai donné mon adhésion à la proposition de M. Luciani tendant à rétablir le texte élaboré par la 1re commission, parce que ce texte, tout en étant plus simple, suivait l'ordre chronologique des faits, mais j'estime qu'il y a lieu, comme le demande M. Pouyanne, de retenir certaines des dispositions insérées dans son nouveau projet. C'est ainsi que l'obligation du partage en nature des immeubles possédés à l'état d'indivision prévu à l'article 30 de ce projet me paraît devoir être maintenue. Je serais, en conséquence, d'avis d'insérer une disposition à cet effet à la fin de l'article 24 de notre projet.

La commission, tenant compte des observations formulées par MM. Pouyanne et Mallet, complète l'article 24 par le paragraphe suivant :

Dans le cas où il y a lieu à partage, le juge rapporteur, sans être tenu de se conformer aux prescriptions du Code civil ou de la loi musulmane relatives à la formation des lots et à la procédure de partage, se borne à faire cesser l'indivision entre les requérants et non opposants, d'une part, et les opposants d'autre part. Il peut, au besoin, proposer l'attribution d'une soulte à l'un des groupes.

M. Tédeschi. — Il me paraît nécessaire de prévoir le cas où le partage en nature ne serait pas possible.

Dans cette hypothèse, la loi devrait autoriser la licitation.

M. Luciani. — Cela nous amène à reprendre l'article 31 du projet de M. Pouyanne dans lequel ce cas est prévu et qui pourrait former un troisième paragraphe de l'article 24 de notre texte.

La Commission se prononce pour l'addition de cette disposition après toutefois en avoir arrêté la rédaction de la manière suivante :

S'il apparaît au juge rapporteur que le partage en nature avec ou sans soulte n'est pas commodément réalisable ou est contraire aux intérêts des parties, il propose la licitation.

M. Mallet. — Il est bien entendu que dans les cas où la licitation sera reconnue indispensable, le requérant aura la faculté de retirer sa demande d'immatriculation. Cela me paraît s'imposer de plein droit et sans qu'il soit nécessaire de le vérifier. Mais ne serait-il pas utile d'indiquer la procédure suivant laquelle la licitation sera poursuivie ?

M. Tédeschi. — Cela me paraît absolument indispensable car si elle a lieu d'après le droit commun, elle sera extrêmement coûteuse et durera très longtemps.

M. Pouyanne. — Les dispositions du titre VIII qui organisent une procédure de saisie immobilière et de vente judiciaire des immeubles immatriculés répondent aux préoccupations qui viennent d'être exprimées. Il suffirait donc de renvoyer à ces dispositions en ce qui concerne la forme dans laquelle la licitation aura lieu.

M. Mallet. — Etant donné qu'il s'agit d'immeubles non immatriculés, on peut se demander si, dans le cas qui nous occupe, la licitation devra être poursuivie suivant les formes prévues par le titre VIII. Dans le cas actuel, en effet, la licitation, au lieu de conduire à l'immatriculation, pourrait faire passer l'immeuble aux mains de tiers qui préféreraient le maintenir sous le régime du droit commun.

M. Luciani. — En présence des objections formulées par M. Mallet, on pourrait maintenir le texte que nous avons arrêté et réserver la question de la procédure jusqu'à l'examen des dispositions du titre VIII du projet.

Adopté.

La séance est levée à 6 heures.

Le Président,
LUCIANI.

Le Secrétaire,
MARIS.

5e SÉANCE

Séance du 28 décembre 1906

La séance est ouverte à 2 heures 1/2 du soir.

Tous les membres sont présents, à l'exception de M. Morand, excusé.

M. Luciani. — Dans notre dernière séance, nous avons décidé de remplacer les articles 21 à 44 et 204 à 224 du projet de M. Pouyanne par les articles 10 p[t] et 16 à 25 du projet de la première commission. Nous allons poursuivre l'examen de ces derniers articles. Je vous donne lecture de l'article 19 de ce projet correspondant au numéro 25 de notre texte.

Article 25. — *Lorsque l'instruction a été terminée par le juge rapporteur, l'affaire est inscrite au rôle du tribunal, chambre des immatriculations; toutes les instances en partage ou spécialisation et les oppositions soulevées par la demande en immatriculation viennent en même temps.*

Les parties sont averties, huit jours au moins à l'avance, du jour où l'affaire viendra en séance publique.

Cet article est adopté sans observations, de même que les articles 26 et 27 correspondant aux articles 20 et 21 du projet de la 1re commission. Toutefois, les mots « *la Chambre des Immatriculations* » sont substitués aux mots « *le tribunal* » partout où ils figurent dans l'ancien texte.

Art. 26. — Lorsque l'affaire est appelée à l'audience, le juge rapporteur fait son rapport. Les parties présentent leurs observations verbales, soit en personne, soit par mandataire, mais sur les points seulement qui ont été développés dans les requêtes ou mémoires.

Art. 27. — Le tribunal, s'il le juge à propos, peut ordonner toute mesure d'instruction complémentaire, par jugements avant dire droit, qui ne peuvent être attaqués par aucune voie de recours. La même faculté qu'au juge rapporteur lui appartient en ce qui concerne les oppositions téméraires et vexatoires.

Lecture est donnée de l'article 28 ci-après :

Art. 28. — Le tribunal statue définitivement par une décision unique, sur les instances en partage et en spécialisation d'hypothèques légales, et sur toutes les oppositions relatives à la même demande, et fait rectifier le plan et le bornage s'il y a lieu,

M. Tédeschi. — Nous avons prévu à l'article 24 de notre projet que la licitation d'un immeuble pourrait être proposée par le juge rapporteur lorsque le partage en nature ne serait pas commodément réalisable. Pour éviter toute discussion sur le point de savoir par qui elle serait ordonnée, je serais d'avis de stipuler dans l'article 28 que ce pouvoir appartiendra à la Chambre des Immatriculations. Je vous proposerai en conséquence de compléter cet article par la disposition suivante :

« *Quand une licitation est reconnue nécessaire,*
« *la Chambre des Immatriculations ordonne qu'il y*
« *sera procédé dans les formes prévues au titre VIII*
« *ci-après.* »

Adopté sous réserve que l'expression « *dans les formes prévues au titre VIII ci-après* » pourra être modifiée après examen des dispositions du titre VIII, suivant la résolution prise par la commission dans sa dernière séance.

M. Tédeschi. — Avant de terminer la discussion de l'article 28, je désire appeler votre attention sur le cas d'un co-indivisaire qui, préalablement à la requête, aurait demandé le partage de la succession dont fait partie l'immeuble à immatriculer. Faudra-t-il surseoir à l'ouverture de la procédure jusqu'à ce que le partage ait eu lieu ou décider qu'il sera effectué par les soins de la Chambre des immatriculations ? A mon avis, c'est le droit commun qui devra être appliqué en pareil cas, mais il serait bon de le prévoir dans la loi.

M. Pouyanne. — Ce cas me paraît rentrer dans celui prévu à l'article 54 dont je vais vous donner lecture :

Lorsqu'un litige portant sur la propriété ou sur des droits réels, et relatif à un immeuble en cours d'immatriculation, a été porté devant les juridictions de droit commun, l'une quelconque des parties peut, en tout état de cause, dessaisir ces juridictions au profit de la Chambre des Immatriculations, en justifiant qu'il a été régulièrement formé en temps utile, dans les délais déterminés par l'article 15, une réclamation relative à l'objet du litige en question.

M. Mallet. — J'estime qu'on ne peut, sous prétexte d'immatriculation, dessaisir les juridictions de droit commun. Une telle disposition serait exorbitante et donnerait lieu à des abus. L'article 54 ne me paraît pas, en conséquence, pouvoir être maintenu.

M. Luciani. — Je partage la manière de voir de M. Mallet et je vous demande, Messieurs, de vous prononcer dans le même sens.

La commission repousse l'article 54 et, sur la proposition de MM. Tédeschi et Mallet, adopte la disposition ci-après destinée à assurer la priorité à ceux qui, antérieurement à la requête, auront saisi les tribunaux ordinaires d'une instance en partage ou en licitation :

« *Lorsque l'immeuble dont l'immatriculation est* « *demandée se trouve compris dans une instance en* « *partage ou en licitation introduite antérieurement* « *à la demande en immatriculation et portée à la* « *connaissance du conservateur dans le délai prévu* « *à l'article 15, la Chambre des Immatriculations* « *est tenue de surseoir jusqu'après la solution de* « *l'instance en partage ou en licitation.* »

Sur la demande de M. Mallet, la commission complète cette disposition par l'addition ci-après :

« *Il en sera de même dans le cas d'une procédure*
« *de saisie immobilière commencée avant la demande*
« *d'immatriculation.* »

La commission adopte sans observations les articles 29, 30 et 31 correspondant aux numéros 23, 24 et 25 du projet de la première commission, et décide de donner le titre suivant à la section qui vient d'être examinée :

Procédure d'immatriculation

Elle se prononce également pour le rétablissement de l'ancien titre « *Du titre de propriété* » que la commission avait choisi, pour la section deuxième.

M. Tédeschi.— L'article 45 du projet de M. Pouyanne soulève une des questions les plus délicates que nous ayons à résoudre. C'est celle de savoir quels sont les droits réels qui devront être inscrits sur le titre de propriété au moment de son établissement. A ce point de vue, trois systèmes peuvent être envisagés. Dans l'un, les droits existant antérieurement à la date de la requête seraient seuls mentionnés. Dans un autre, on inscrirait les droits nés au jour de l'établissement du titre. Enfin, entre ces deux systèmes extrêmes, M. Pouyanne propose de prendre la date de la clôture du procès-verbal, pour arrêter la liste des droits que le titre de propriété devra constater au moment de son établissement. Si l'on adopte cette dernière solution, que deviendront les droits qui pourraient se créer entre la clôture du procès-verbal et l'établissement du titre ? Pour avoir un titre dont les indications soient conformes à la situation juridique de l'immeuble au moment de l'immatriculation, ne faudrait-il pas prévoir que, pendant cet intervalle, l'immeuble restera indisponible, c'est-à-dire ne pourra être utilement grevé d'aucun droit réel ?

M. Mallet.— Il me paraît impossible de frapper l'immeuble d'indisponibilité.

M. Luciani.— Je suis, pour mon compte, partisan de prendre comme point de départ la date même de l'établissement du titre. Tous les droits antérieurs à cette date se trouveront éteints s'ils ne sont immatriculés. Les bénéficiaires de droits nés pendant la période comprise entre la clôture du procès-verbal et l'établissement du titre et qui auront négligé d'en provoquer l'inscription n'auront plus qu'un recours personnel contre ceux qui auront bénéficié de leur déchéance. Cette solution, qui a été adoptée par la loi du 16 février 1897, s'impose si l'on veut que le titre de propriété soit complet et présente toutes les garanties que nous prétendons lui donner. Je reconnais qu'elle peut entraîner des déchéances rigoureuses, mais il est absolument nécessaire de trancher dans le vif, sinon on laissera la porte ouverte à des contestations du même genre que celles qui se sont élevées au sujet de la valeur du titre de propriété de la loi du 26 juillet 1873 et qui ont finalement abouti à ruiner les effets de cette législation. Je crois d'ailleurs que les craintes que l'on pourrait avoir au sujet des droits qui auront pris naissance entre la clôture du procès-verbal et l'établissement du titre sont d'ordre purement théorique. Etant donné la publicité donnée à la procédure d'immatriculation, il est à prévoir que les intéressés auront soin de provoquer l'inscription de ces droits avant l'établissement du titre.

Dans ces conditions, je serais d'avis d'adopter purement et simplement les articles 26 et 35 du projet de la 1re commission dont je vais vous donner lecture :

Article 26. — *L'immatriculation comporte l'établissement sur le registre foncier, par le conservateur, d'un titre de propriété comprenant la description de l'immeuble, l'indication de sa contenance, des plantations et constructions qui s'y trouvent, l'inscription des droits réels existant sur l'immeuble et des charges qui le grèvent. Le plan reste annexé.*

Chaque titre de proprité porte un numéro d'ordre.

Les titres de propriété sont établis sur un registre dont la forme est déterminée par l'administration.

Article 35. — *Le titre de propriété est définitif et inattaquable : il forme le point de départ unique de la propriété et de tous droits réels existant, à l'exclusion absolue de tous droits antérieurs.*

M. Mallet. — Je ne crois pas que l'on puisse faire dépendre une déchéance de la date de l'établissement du titre de propriété. Cette date sera, en effet, subordonnée aux nécessités matérielles du fonctionnement de la conservation : c'est le hasard qui la déterminera à l'insu des intéressés. D'autre part, je trouve trop rigoureuse la solution radicale proposée par M. Luciani et je me demande même si, dans certains cas, les tribunaux n'hésiteraient pas devant les conséquences auxquelles elle pourrait conduire. En tout cas, si elle devait être adoptée, il serait indispensable de bien préciser dans l'article 26 que tous les droits antérieurs à l'établissement du titre seront purgés.

M. Pouyanne. — Dans le système que je propose, seuls les droits antérieurs à la clôture du procès-verbal seraient purgés. Cela se conçoit, puisque seuls ils auront été soumis à la discussion. Les mentions relatives à ces droits constituent les mentions d'immatriculation. Quand aux droits qui naîtront entre cette date et l'établissement du titre, ils seront inscrits, lorsqu'ils seront révélés au conservateur, mais l'inscription dont ils feront l'objet n'aura pas la même force probante que celle qui est attachée aux mentions d'immatriculation. Elle aura la même force probante que celle de tous les droits qui se constitueront après l'immatriculation, c'est-à-dire que celles de toutes les autres mentions d'inscriptions.

M. Maginot. — Je pense comme M. Mallet que les articles 26 et 35 de la 1ère commission ne pourraient être adoptés qu'après avoir été complétés de manière à ce qu'aucun doute ne puisse s'élever quant aux droits qui sont garantis par le titre de propriété. D'autre part, il me paraît préférable de prendre la date de la clôture du procès-verbal comme point de départ de la propriété puisque la purge ne s'applique qu'aux faits antérieurs à cette date. Dans ces conditions, je serais d'avis de maintenir le texte proposé par M. Pouyanne.

M. Luciani. — Je mets aux vois la proposition de M. Maginot.

Adopté sous réserve de la supression dans la

première phrase des mots *l'indication des titulaires de ces droits réels* qui paraissent inutiles. En conséquence, le texte de l'article 32 est arrêté de la manière suivante :

Article 32. — *L'immatriculation comporte l'établissement sur le registre foncier, par le conservateur, d'un titre de propriété comprenant la description de l'immeuble, l'indication de sa contenance, des plantations et constructions qui s'y trouvent, l'inscription des droits réels existant sur l'immeuble au jour de la clôture du procès-verbal provisoire, visé à l'article 14. Le plan est annexé au titre de propriété.*

Chaque titre de propriété porte un numéro d'ordre.

Les titres de propriété sont établis sur un registre dont la forme est déterminée par arrêté du Gouverneur Général.

M. Luciani. — Je donne lecture de l'article 46 du projet de M. Pouyanne;

Article 46. — *L'ordre de préférence entre les droits réels existant sur l'immeuble et inscrits au moment de l'immatriculation se détermine exclusivement par le rang que ces inscriptions occupent sur le registre foncier.*

M. Mallet. — Cette disposition me paraît inutile, la question étant déjà réglée par l'article 13 du projet de M. Pouyanne, qui a été approuvé par la commission.

Conformément à l'avis exprimé par M. Mallet, la Commission écarte l'article 46. Elle adopte sans discussion l'article 47 ci-après :

Article 47. — *L'immatriculation a pour effet de soumettre l'immeuble qui en est l'objet aux prescriptions de la présente loi. Les immeubles ne peuvent plus être replacés sous l'empire du droit commun.*

Toutefois, il est entendu que cet article sera renvoyé au chapitre des *Effets de l'Immatriculation* où il se trouvera mieux à sa place.

Les articles 48 et 49 du projet de M. Pouyanne

sont maintenus sans discussion par la Commission sous réserve de légères modifications de forme. Ils sont fondus en un seul article qui prendra également place dans le chapitre des Effets de l'Immatriculation et qui est ainsi conçu :

Le titre de propriété est définitif et inattaquable : il forme le point de départ unique de la propriété et de tous droits réels existant sur l'immeuble, à l'exclusion absolue de tous droits réels antérieurs.

Aucun droit réel, aucune cause de résolution ou de rescision du chef des propriétaires ou titulaires de droits réels antérieurs ne peuvent être opposés aux personnes mentionnées sur le titre comme étant les propriétaires ou titulaires des droits réels actuels, ni à leurs ayants cause.

L'article 50, ci-après reproduit, est adopté sans observations. Toutefois, les mots « *ou de fraude* » sont insérés dans son texte pour donner satisfaction à une observation de M. le Ministre de la Justice.

Article 50. — *Les personnes dont les droits auraient été lésés par suite d'une immatriculation ne peuvent se pourvoir par voie d'action réelle, mais exclusivement en cas de dol ou de fraude, par voie d'action personnelle, en indemnité contre l'auteur responsable du dommage.*

Les articles 51, 52 et 53 sont maintenus sous réserve de quelques modifications de forme. Le texte en est arrêté par la Commission de la manière suivante :

Article 51. — *A partir de la date de la clôture du procès-verbal visé à l'article 14, il ne peut plus être créé ou constitué de droits réels sur l'immeuble dont l'immatriculation est requise, que dans les formes et sous les conditions déterminées par la présente loi. En conséquence, à partir de ce moment, il ne pourra plus être pris d'inscription d'hypothèque judiciaire, et les personnes qui auraient pu bénéficier de privilèges ou d'hypothèques légales sous le régime antérieur ne pourront exercer leurs droits et requérir inscription que dans les conditions déterminées par le nouveau régime pour les hypothèques forcées.*

Article 52. — *Si des faits ou conventions qui intéressent l'immeuble, et qui, pour être opposables aux tiers, doivent être inscrits ou mentionnés sur le registre foncier se sont produits entre la date de clôture du procès-verbal visé à l'article 14 et celle de l'établissement du titre de propriété, les actes constatant ces faits ou conventions devront être établis conformément aux prescriptions des articles ... et suivants ci-après. Ces actes seront transmis au Conservateur de la Propriété foncière, qui procèdera à l'inscription des dits faits ou conventions, conformément aux prescriptions des articles ... et suivants, mais seulement après avoir opéré l'inscription des mentions relatives à l'immatriculation.*

Dans ce cas, les mentions des droits antérieurs à la clôture du procès-verbal jouiront seules de la force probante définie aux articles 48, 49 et 50. Les inscriptions de droits postérieurs feront foi dans les limites indiquées aux articles 58 à 62 ci-après.

Article 53. — *Il ne pourra être procédé à des ventes judiciaires devant la Chambre des Immatriculations conformément aux prescriptions du titre VIII, qu'après l'établissement du titre de propriété sur le registre foncier.*

Lorsqu'il aura été formé, relativement à un immeuble en cours d'immatriculation, une saisie immobilière ou une demande de vente judiciaire, il sera sursis à la procédure de vente jusqu'après l'établissement du titre de propriété ou le rejet de la requête d'immatriculation. Dans le premier cas, il sera procédé, après établissement du titre, conformément aux prescriptions du titre VIII de la présente loi.

M. Tédeschi. — Je vous demande d'interrompre l'examen des articles qui font l'objet de la présente discussion pour examiner s'il ne conviendrait pas de décider que la requête en immatriculation devra être immédiatement transcrite sur le registre du Conservateur des hypothèques. Cette formalité aurait pour effet d'augmenter la publicité de la procédure d'immatriculation. Si vous partagiez cette manière de voir, je vous proposerais de modifier de la manière suivante la rédaction de l'article 6 de notre projet :

Article 6. — *La personne qui requiert l'immatriculation adresse au Conservateur de la propriété foncière une requête en double exemplaire signée d'elle ou d'un mandataire muni d'une procuration spéciale.*

. . . .

Un des exemplaires de la requête est immédiatement adressé par le Conservateur de la propriété foncière au Conservateur des hypothèques qui la transcrira le jour même sur le registre des transcriptions.

Cette proposition est adoptée par la commission.

M. Tédeschi. — La Commission n'a pas cru, il y a quelques instants, devoir maintenir le texte de l'article 54. Je vous propose de le remplacer par la disposition suivante :

Art. 54. — *A partir de la transcription sur le registre du Conservateur des hypothèques de la requête tendant à l'immatriculation, aucun litige concernant l'immeuble ne pourra être soumis aux tribunaux ordinaires.*

Adopté.

M. Luciani. — En raison des modifications qui ont été apportées par la Commission au projet de M. Pouyanne, il est nécessaire de procéder à un nouveau numérotage des articles de notre projet. Je vous propose de charger M. Maris de ce soin. Je demanderai également à M. Maginot de vouloir bien en revoir le texte au point de vue de la forme et d'y apporter les corrections qu'il jugerait utiles.

Adopté.

La séance est levée à 6 heures et quart.

Le Président,	*Le Secrétaire,*
Luciani.	Maris.

6e SÉANCE

Séance du 29 décembre 1906 (matin)

La séance est ouverte à 9 heures et demie du matin.

Tous les membres sont présents, à l'exception de M. Morand, excusé.

M. Luciani. — Le projet préparé par M. Pouyanne est si étendu que, pour éviter toute confusion dans nos discussions, il est nécessaire d'en avoir constamment le plan présent à l'esprit. A cet effet, j'ai fait un résumé de ce travail dont je vais vous donner connaissance. Le projet comprend dix titres qui ont pour objet :

Titre I. — Dispositions générales — articles 1 à 5.

Définition du régime. — Qui peut demander l'immatriculation ?

Titre II. — De l'immatriculation.

Chapitre Ier. — Procédure d'immatriculation sans incidents — 6 à 20.

Chapitre II. — Procédure d'immatriculation avec incidents — 21 à 44 *bis*.

§ 1. — Contestations entre le requérant et le conservateur — 22 à 26.

§ 2. — Immeubles indivis et partage — 27 à 44 *bis*.

Section II. — Effets de l'immatriculation (Titre de propriété) — 45 à 54.

Rectification des erreurs matérielles — article 55.

Titre III. — De la publicité des droits réels et de la force probante des registres.

Section I. — Obligation et effets de l'inscription.

§ 1. — Dispositions générales — 58 à 65.

§ 2. — Mutations par décès et régimes matrimoniaux — 66 à 69.

§ 3. — Droits résultant des baux — 70.

§ 4. — Publicité des causes d'éviction — 71 à 79.

Section II. — Procédure de l'inscription — 80 à 105.

Des radiations — 106 à 110.

Section III. — Indication des changements qui se produisent dans l'étendue et la figuration des propriétés — 111 à 113.

Titre IV. — Du régime hypothécaire — 111 à 165.

Titre V. — Du titre de propriété et des copies — 166 à 174.

Titre VI. — Du conservateur de la propriété foncière — 175 à 193.

Titre VII. — De la chambre des immatriculations — 194 à 224.

Titre VIII. — Saisie immobilière. — Ordre. — Ventes judiciaires. — Purge. — 225 à

Titre IX. — Du fonds d'assurance.

Titre X. — Des pénalités.

Au cours de la discussion, nous pourrons d'ailleurs être amenés à modifier l'ordre suivi par l'auteur. C'est ainsi que le titre V, qui est relatif au titre de propriété et aux copies qui en seront délivrées, vous paraîtra peut-être devoir être placé avant le titre III qui traite de la publicité des droits réels et de la force probante des registres fonciers.

Cette observation faite, je vous soumettrai une proposition. Malgré tout notre désir de conduire rapidement nos travaux, il nous est matériellement impossible de les terminer avant la fin de l'année. La mise au point du projet ne pourra se faire qu'après de longues discussions que nous ne pourrions éviter sans manquer à la confiance que M. le Gouverneur général a mise en nous. Dans ces conditions, il serait inutile de nous réunir pendant les fêtes de la fin de l'année. Je vous propose donc de tenir une dernière séance ce soir et de nous ajourner jusqu'au 2 janvier.

Adopté.

M. Luciani. — Je prierai d'autre part M. Maginot de vouloir bien faire les démarches nécessaires auprès de M. le Premier Président de la Cour d'Appel d'Alger pour que M. Pouyanne soit autorisé à prolonger son séjour à Alger jusqu'à la fin de nos travaux.

Ces diverses propositions arrêtées, nous allons reprendre l'examen du projet que nous avons laissé à l'article 55 dans notre dernière séance. Je vous donne lecture de cet article.

Article 55. — *Les erreurs matérielles ou omissions commises dans la rédaction du titre et l'établissement du plan, provenant d'une inadvertance de l'un quelconque des agents ayant pris part à l'immatriculation et consistant en une faute d'écriture, de chiffre ou de dessin, pourront être rectifiées par décision de la Chambre des immatriculations à la requête des intéressés.*

La demande à fin de rectification ne pourra être introduite que dans le délai d'un mois à partir de la notification au requérant de l'établissement du titre par le Conservateur de la propriété foncière. Cette notification devra être adressée au requérant par le Conservateur dans les vingt-quatre heures de l'établissement du titre.

La décision de la Chambre des immatriculations ne pourra en aucun cas porter atteinte à la propriété et aux droits réels établis dans les titres de propriété.

M. Tédeschi. — Croyez-vous qu'il soit utile de conserver cet article dans le texte législatif? A mon avis, on pourrait le réserver pour le règlement d'administration publique qui détermine les conditions d'application de la loi.

M. Mallet. — On peut même se demander s'il est bien nécessaire de prévoir une disposition spéciale sur ce point. Il me semble que la rectification des erreurs matérielles est de droit et qu'elle pourra toujours être demandée, qu'on le dise ou non dans le texte.

M. Pouyanne. — Il me paraît absolument nécessaire de prévoir dans la loi que les erreurs matérielles ou les omissions pourront être rectifiées, parce que le titre est en principe intangible et qu'un décret ne pourrait déroger à ce principe. L'article 55 n'est d'ailleurs que la reproduction des dispositions contenues dans les décrets tunisiens du 25 février et 19 mars 1907.

M. Maginot. — Dans ces conditions, il me semble qu'il y aurait intérêt à maintenir une disposition qui a reçu la consécration des faits. J'estime d'ailleurs, d'une façon générale, que lorsque l'expérience faite dans d'autres pays nous fournit une indication utile, ce que nous avons de mieux à faire, c'est de nous en inspirer.

M. Tédeschi. — Sans doute, mais on pourrait se borner à n'inscrire dans la loi que le principe et laisser au règlement d'administration publique le soin de fixer les conditions dans lesquelles pourront être opérées les modifications.

M. Luciani, — Je me rallie à l'avis exprimé par M. Tédeschi et je vous propose de modifier la rédaction de l'article 55 de la manière suivante :

Art. 55. — *Les erreurs matérielles commises dans la rédaction du titre et l'établissement du plan peuvent être rectifiées par décision de la Chambre des Immatriculations dans les conditions qui seront fixées par le règlement d'administration publique.*

Adopté.

M. Pouyanne. — Avant d'aborder la discussion du titre III concernant la publicité des droits réels et la force probante des registres fonciers, je dois vous signaler qu'une grande partie des dispositions qui figurent dans ce titre sont empruntées au projet de loi de M. Massigli.

M. Mallet. — Je crois qu'il sera bon d'apporter la plus grande circonspection dans l'adoption des dispositions extraites de ce projet qui est conçu dans un tout autre esprit que celui dont nous poursuivons l'étude. Le projet de M. Massigli suppose, en effet, le Code Civil abrogé, pour les matières traitées dans la nouvelle loi, tandis que le nôtre est destiné à se juxtaposer aux dispositions de la législation immobilière en vigueur dans la Colonie.

La Commission reconnaît la justesse de cette observation et passe à l'examen de l'article 58 ci-après reproduit :

Article 58. — *Tous faits, conventions, actes, jugements passés en force de chose jugée, ayant pour effet de constituer, transmettre, déclarer, modifier ou éteindre un droit réel immobilier, d'en changer le titulaire ou de modifier toute autre condition de son existence, doivent, pour être opposables aux tiers, être inscrits sur le titre de propriété de l'immeuble par le Conservateur de la Propriété foncière.*

M. Maginot. — Je crois qu'il serait préférable de maintenir le texte de l'article 19 du projet qui a été soumis à la Chambre à moins de raisons absolument péremptoires de la part de M. Massigli. Je demanderai, en conséquence à prendre connaissance du commentaire qui accompagne le texte de M. Massigli.

M. Pouyanne donne lecture de ce commentaire. *(Voir rapport général de M. Massigli, pages 50 et suivantes).*

M. Luciani. — Je suis également d'avis de rétablir l'article 19 de l'ancien projet, car le mot « *constituer* », qui figure dans le texte de M. Massigli, me paraît inutile en présence des termes qui le suivent et qui sont suffisamment explicites.

La Commission se rallie à cette manière de voir.

Lecture est donnée de l'article 59.

Article 59. — *Il en est de même : 1° Des actes et jugements portant cession ou règlement de mitoyenneté ;*

2° Des actes et jugements réglant le mode d'exercice d'une servitude légale et les charges d'indemnité auxquelles elle peut donner lieu ;

3° Des baux d'immeubles excédant 9 années et aussi des baux de moindre durée ou de leur renouvellement, toutes les fois qu'ils impliquent disposition de la jouissance de l'immeuble pour une période de temps dont le terme dépasse l'expiration de la neuvième année, à compter de la date à laquelle ils sont consentis ;

4° Des actes et jugements constatant quittance ou cession d'une somme supérieure à trois années de loyers ou fermages non échus.

M. Maginot. — Il me paraît inutile de maintenir cet article, car il n'ajoute rien aux dispositions très compréhensives de l'article précédent.

La commission se prononce pour la suppression de l'article 59.

Article 60. — *L'ordre de préférence entre les droits établis sur le même immeuble se détermine par la date des incriptions.*

Les inscriptions prises à la même date viennent suivant le rang qu'elles occupent au registre foncier, à moins qu'il ne soit mentionné expressément qu'elles doivent venir au même rang.

M. Tédeschi. — Les dispositions contenues dans le deuxième paragraphe de cet article sont en contradiction avec celles de l'article 2200 du Code civil.

M. Mallet. — La règle du Code civil ne peut s'appliquer qu'en matière d'hypothèque. Je ne conçois pas, par exemple, comment une hypothèque pourrait venir au même rang qu'une vente. Lorsqu'il s'agira, comme dans cette hypothèse, de droits de nature différente, il faudra nécessairement qu'une inscription domine l'autre.

M. MAGINOT. — Pour éviter ces difficultés, on pourrait peut-être modifier de la manière suivante le second § de l'article 60 :

« Les inscriptions *concernant les opérations de* « *même nature*, prises à la même date, viennent sui- « vant le rang qu'elles occupent au registre foncier. »

M. TÉDESCHI. — Comment se déterminera l'ordre des inscriptions lorsque plusieurs personnes se présenteront en même temps pour demander inscription ?

M. POUYANNE. — Je ne pense pas qu'il soit nécessaire de compléter l'article 60 en présence des dispositions de l'article 187 du projet, qui réglementent les conditions suivant lesquelles s'opèrera la remise des documents nécessaires aux inscriptions et qui prévoient la tenue d'un registre des dépôts destiné à constater ces remises. Les inscriptions sur le registre foncier s'opèreront dans l'ordre indiqué par le registre des dépôts.

La commission maintient l'article 60 sans modification.

Elle adopte également sans observation l'article 61 ci-après :

Article 61. — *Le défaut d'inscription des droits, charges et restrictions au droit de libre disposition résultant des faits, conventions, actes ou jugements visés par l'article 39 peut-être opposé par toute personne y ayant intérêt, excepté toutefois par les parties et par leurs successeurs universels ou à titre universel.*

Lecture est donnée de l'article 62 :

Article 62. — *Toute personne dont les droits auraient été lésés par une inscription, peut demander la modification ou l'annulation de cette inscription. Cette modification et cette annulation ne peuvent être effectuées au cas où elles préjudicieraient aux tiers de bonne foi. On entend par tiers les personnes qui ont traité sur la foi du livre foncier avec celle dont les droits étaient sujets à modification ou annulation.*

M. Pouyanne. — Je vous signale que les mots « *de bonne foi* » ont été ajoutés au texte soumis à la Chambre. Ils ont été également introduits par la commission du cadastre dans son projet.

M. Maginot. — Je ferai remarquer que si ces mots étaient maintenus, il serait nécessaire de rédiger la phrase finale de l'article 62 de la manière suivante: *On entend par tiers de bonne foi les personnes...* Or, il est évident que cette rédaction ne saurait être admise car on ne peut songer à définir la bonne foi dans un texte légal. Je suis donc d'avis de supprimer les mots « *de bonne foi.* »

M. Mallet. — J'appuie la proposition de M. Maginot parce que la disposition contenue dans la 2ᵉ phrase de l'article 62 ne peut évidemment s'appliquer qu'aux tiers de bonne foi. Le droit commun permettrait d'ailleurs d'écarter ceux qui voudraient s'en prévaloir frauduleusement.

A la suite de ces observations, la commission se prononce pour la suppression des mots « *de bonne foi.* » Sous réserve de cette modification, l'article 62 est adopté.

Sont également maintenus les articles 63, 64 et 65. Toutefois, la commission décide de réunir en un seul article, comme dans le projet soumis au Parlement, les dispositions contenues dans les numéros 64 et 65. Ces articles sont ainsi conçus :

Article 63. — *Tout demandeur en annulation ou modification de l'inscription d'un droit immobilier peut faire mentionner sa demande sur le titre avant de la porter devant le tribunal civil. Cette prénotation devra être autorisée par ordonnance du Président du Tribunal, sur requête, à charge de lui en référer. La validité des inscriptions ultérieures demeure subordonnée à la décision judiciaire.*

A défaut de prénotation, le jugement n'aura d'effet à l'égard des tiers que du jour où il aura reçu publicité par l'inscription.

Article 64. — *La prescription ne peut faire acqué-*

rir aucun droit réel sur un immeuble immatriculé à l'encontre du propriétaire inscrit.

Les servitudes continues ou discontinues, apparentes ou non apparentes sur un immeuble immatriculé, ne peuvent être établies que par titre.

La séance est levée à 11 heures et quart.

Le Président,
LUCIANI.

Le Secrétaire,
MARIS.

7e SÉANCE

Séance du 29 décembre 1906 (soir)

La séance est ouverte à 2 heures 1/2 du soir.

Tous les membres sont présents, à l'exception de M. Morand, excusé.

M. LUCIANI. — Je vous donne lecture de l'article 66.

Article 66. — *Les transmissions de droits immobiliers après décès et les restrictions au droit de libre disposition dont elles peuvent être affectées sont, ainsi que les partages, soumis à l'inscription sur le registre foncier. Il en est ainsi, soit que la transmission s'effectue au profit d'une seule personne, soit qu'elle s'opère divisément ou par indivis au profit de plusieurs personnes.*

Les aliénations et constitutions de droits réels consenties par une personne inscrite en qualité d'héritier, de successeur irrégulier ou de légataire, et dûment rendues publiques, sont opposables à l'héritier ou au légataire véritable, s'il n'y a eu prénotation.

M. POUYANNE. — Cet article a pour objet de parer aux inconvénients de la loi du 23 mars 1855 qui ne prévoit l'inscription que pour les mutations entre vifs. En outre des transmissions par décès, il soumet les partages à la formalité de l'inscription.

Ses dispositions se complètent par celles des articles 103 et 104 qui organisent un système de formalités en vue de l'inscription des transmissions successorales. Voici les raisons qui m'ont amené à substituer les dispositions des articles 103 et 104 à l'article 26 du projet soumis à la Chambre :

L'article 26 a pour but d'assurer dans les 40 jours, sur le livre foncier, l'inscription des mutations par décès, surtout en ce qui concerne les immeubles immatriculés soumis au statut successoral musulman. Il prescrit, en conséquence, aux officiers de l'état civil d'adresser au Conservateur copie des déclarations de décès qui leur sont faites, déclarations qui doivent comprendre, outre les indications prescrites par le Code Civil, la mention de tous les héritiers du défunt connus du déclarant. Le Conservateur, après avoir pris connaissance de ces copies, recherchera si la personne décédée possédait des immeubles immatriculés. Dans l'affirmative, il mettra les héritiers en demeure de lui fournir, dans un délai de 20 jours, un acte de notoriété dressé par le notaire ou le cadi, sur le vu duquel la mutation de l'immeuble sera opérée, au nom des héritiers, sur le registre foncier.

Les héritiers qui n'auraient pas produit cet acte de notoriété dans le délai de 20 jours encourront une amende 200 francs.

Au simple énoncé de ces mesures, il est aisé de reconnaître que les prescriptions de l'article 26 seront impossibles à appliquer dans la pratique. Elles supposent, en effet, que le Conservateur sera obligé de prendre connaissance de *toutes* les déclarations de décès qui se produiront dans l'étendue de sa circonscription. De plus, on ajoute aux déclarations prescrites par le Code Civil en cas de décès l'obligation d'indiquer les héritiers de la personne decédée. Or, il n'y aura sûrement, au moins pendant longtemps, qu'un Conservateur par département, peut-être une seule pour toute l'Algérie. On se demande, dès lors, comment on pourrait imposer au Conservateur le travail écrasant qui résulterait de la nécessité de rechercher, pour *tous* les *décès* survenant dans d'aussi vastes circonscriptions si la personne décédée possédait ou non des immeubles immatriculés. Toute personne qui a l'habitude de manier les casiers judiciaires sait à quel point il est difficile, avec les similitudes de nom, les homonymies qui se rencontrent si souvent chez les indigènes, de classer d'une façon satisfaisante les bulletins se rapportant à un grand nombre d'individus. D'autre part, il faut remarquer que le Conservateur qui exécuterait à la légère le travail énorme imposé par l'article 26 et qui laisserait échapper une inscription, *engagerait sa responsabilité* (voir article 15) et serait tenu de dommages intérêts vis-a-vis des intéressés omis. Il est fort à craindre qu'il soit impossible de trouver un Conservateur sérieux qui consente à se charger d'un tel travail et à assumer une pareille responsabilité.

En supposant même qu'on écarte l'objection qui vient d'être formulée, il faut observer que les délais impartis par l'article 26 ne sont pas suffisants.

On sait que les déclarations de naissances et de décès sont reçues, en territoire indigène, par les caïds, qui ont un délai de huit jours pour les transmettre au Maire ou à l'Administrateur (loi du 23 mars 1882, article 18). Celui-ci les fait traduire et inscrire sur les registres de l'état civil. Dans la pratique, le Khodja de la commune traduit et inscrit, à la fin de chaque mois, les déclarations qui sont parvenues dans le courant du mois. Il est donc à craindre que le délai de 10 jours donné à l'officier de l'état civil pour transmettre les déclarations de décès au Conservateur ne soit bien court. Mais ce qui est tout à fait insuffisant, c'est le délai de vingt jours accordé aux héritiers du décujus pour faire dresser un acte de notoriété (Fréda). Pour dresser une fréda, le cadi doit réunir des témoins honorables et se livrer fréquemment à des calculs extrêmement compliqués, il faudra donc très souvent un délai beaucoup plus long. Enfin, la lettre recommandée adressée aux héritiers par le Conservateur ne parviendra pas aussi rapidement qu'on se l'imagine. Les facteurs ne vont point dans les douars ; les lettres recommandées adressées aux indigènes sont remises à l'Administrateur et distribuées les jours de marché seulement, par ses soins. Il faudra donc compter environ huit jours pour la remise de ces lettres. On voit que le délai de 40 jours fixé par l'article 26 pour l'inscription des héritiers est absolument insuffisant, et qu'il sera toujours dépassé en pratique.

On peut d'ailleurs se demander jusqu'à quel point il est légitime d'imposer les frais souvent assez élevés d'une fréda à des indigènes qui, quoique possesseurs de terres, n'ont pas toujours du numéraire à leur disposition. Cette objection paraît plus sérieuse encore quand on songe que la fréda sera réclamée à nouveau à l'occasion de chaque décès d'un co-propriétaire. Si l'on tombe, comme il arrive assez fréquemment, sur des indivisions de 50 ou 60 personnes, l'obligation de produire une fréda à chaque décès, deviendra sans aucun doute une charge pénible pour les immeubles immatriculés, et de nature à éloigner les indigènes de l'immatriculation.

Il me paraît préférable de réserver la solution de cette question, s'il en existe une, pour le règlement d'administration publique, ce qui donnera le temps de l'étudier plus à loisir.

L'essentiel, à mon sens, consiste à trouver une combinaison qui n'impose pas au Conservateur un tel travail et une semblable responsabilité. Il semble qu'il serait plus pratique d'inviter les Maires et Administrateurs à établir la liste des indigènes de la commune possédant des immeubles immatriculés ; ils feraient alors parvenir au Conservateur, au fur et à mesure qu'elles se produiraient, les déclarations de décès survenus parmi les familles existant sur cette liste. Sur le vu de ces renseignements, le Conservateur mettrait alors en demeure les héritiers de lui fournir les indications nécessaires. Tel est le résumé des dispositions insérées aux articles 103 et 104. Elles auraient, je crois, pour résultat de diviser entre les maires et administrateurs le travail que l'article 26 imposait au conservateur, et de décharger ce dernier de la corvée prodigieuse et inutile qui consisterait à vérifier tous les actes de décès des circonscriptions alors qu'il ne s'y trouverait peut être qu'une faible proportion d'immeubles immatriculés.

M. Mallet. — Le texte nouveau que nous propose M. Pouyanne, et qui est emprunté au projet de M. Massigli, peut être semé de surprises. Je crois qu'il serait préférable d'adopter le texte de l'article 26 du projet soumis à la Chambre. Tout d'abord, je ne vois pas la nécessité de viser les partages, puisque leur inscription est déjà implicitement prévue par l'article 58, qui s'applique à tous les faits pouvant modifier un droit réel immobilier.

M. Pouyanne. — L'article 58, rappelé par M. Mallet, me paraît trop général. Il peut laisser des doutes sur l'obligation d'inscrire les partages et cela d'autant plus que cette obligation est prévue par un article spécial pour les transmissions par décès qui, pourtant, entrent également dans la catégorie des faits pouvant être visés par l'article 58.

M. Luciani. — Il est tout-à-fait nécessaire de prévoir explicitement que les mutations par décès devront être inscrites parce qu'il s'agit d'une disposition entièrement nouvelle, qui présente d'ailleurs une importance capitale, puisqu'elle permettra de parer au danger des transmissions occultes par voie de succession. Tel n'est pas le cas des partages qui sont visés par la loi du 23 mars 1855.

M. Mallet. — Je reproche encore au nouveau texte de ne pas laisser entièrement au Conservateur le soin d'assurer l'inscription des mutations par décès. D'après le deuxième paragraphe de l'article 66, ce serait, en effet, aux héritiers qu'il appartiendrait de provoquer les prénotations. Or, dans un pays comme l'Algérie, où la population indigène est peu préparée à saisir le mécanisme d'une législation aussi compliquée que celle de l'immatriculation, il y a un intérêt majeur à ce que ce soit le Conservateur qui prenne toutes les mesures nécessaires en vue de l'inscription de cette catégorie de droits.

M. Luciani. — Je partage entièrement la manière de voir de M. Mallet. J'ajouterai qu'il serait extrêmement dangereux de substituer l'action des Maires et des Administrateurs à celle du Conservateur, comme le fait l'article 104 du projet de M. Pouyanne. En cette matière, il est absolument nécessaire que ce soit le Conservateur qui fasse seul le nécessaire. Je reconnais qu'il en résultera pour ce dernier un surcroît de besogne considérable, mais on remédiera à cet inconvénient en créant autant de conservations qu'il sera nécessaire.

M. Maginot. — Je pense, de mon côté, qu'il y aurait d'autant plus d'inconvénients à faire intervenir les autorités municipales dans l'accomplissement des formalités d'inscription qu'aucune sanction n'est prévue dans le cas où elles négligeraient de se conformer aux prescriptions de l'article 104.

A la suite de ces observations, l'article 66 du projet de M. Pouyanne est remplacé par l'article 26 ci-après du projet soumis à la Chambre.

Article 26. — *Les mutations, par suite de décès, seront inscrites sur le livre foncier dans le délai de quarante jours, à partir de la déclaration de décès de toute personne possédant des immeubles immatriculés.*

Toute déclaration de décès indiquera, outre les nom, prénoms, qualité et domicile du défunt, les nom, prénoms, qualité et domicile de tous les héritiers du défunt, qui seront connus du déclarant.

Dans les dix jours qui suivront, copie de la déclaration précitée sera adressée par l'officier de l'état-civil au Conservateur de la propriété foncière, qui recherchera si la personne décédée possédait des immeubles immatriculés. En cas d'affirmative, le Conservateur adressera une lettre recommandée aux héritiers connus du défunt, pour les mettre en demeure de lui fournir, dans le délai de vingt jours, un acte de notoriété dressé par un notaire, s'il s'agit d'un européen, ou un acte de notoriété dressé par un cadi, s'il s'agit d'un musulman. Cet acte fera connaître les nom, prénoms, qualité et domicile des héritiers de la personne décédée. Sur le vu de cet acte, qui restera déposé à la Conservation, et dans les dix jours de sa réception, le Conservateur opèrera la mutation de l'immeuble ou des immeubles immatriculés au nom des héritiers.

Les héritiers qui ne produiront pas, dans le délai de vingt jours, l'acte de notoriété à eux demandé par le Conservateur encourront, chacun, une amende de deux cents francs, prononcée par le Juge de Paix.

Lecture est donnée des articles 67, 68 et 69 ci-après :

Article 67. — *Les dispositions de l'article précédent sont applicables en cas d'envoi en possession définitif des biens d'un absent.*

Article 68. — *Les droits de propriété résultant des conventions matrimoniales, au profit des époux ou de l'un d'eux, sur des immeubles apportés lors de la célébration du mariage ou acquis depuis, ne peuvent être opposés aux tiers que s'ils ont reçu publicité par une inscription sur le registre foncier.*

Article 69. — *Au cas d'acquisition d'un immeuble par le mari en son nom seul, au cours de la communauté, la publicité du droit de la femme résulte suffisamment de la mention qui est faite du mariage dans l'inscription opérée sous le nom du mari.*

La déclaration du remploi pour le compte de la femme, faite par le mari dans l'acte d'acquisition d'un immeuble, ne peut être opposée aux tiers en vertu de l'acceptation postérieure de la femme si la dite déclaration a été mentionnée dans l'inscription opérée sous le nom du mari, ou si elle a fait l'objet d'une mention spéciale antérieure à l'inscription de leurs droits.

M. Luciani. — Les dispositions contenues dans ces articles me paraissent rentrer dans le principe général posé par l'article 58 et d'après lequel tous les faits de nature à modifier les droits réels immobiliers doivent être inscrits pour être opposables aux tiers. Je propose donc de les écarter. Toutefois, avant de se prononcer à cet égard, il convient de prendre connaissance des commentaires de M. Massigli au sujet de ces articles :

Lecture est donnée des commentaires de M. Massigli (Voir rapport général de M. Massigli, pages 52 et 53.

Après avoir entendu cette lecture, la commission adopte les propositions de M. Luciani. Elle décide, en outre, sur l'observation de M. Maginot, qu'il n'y a pas lieu de maintenir le sous titre qui s'appliquait aux articles 66 à 69, dont les dispositions sont remplacées par l'article 26 du projet soumis à la Chambre.

Article 70.— *Les baux qui n'ont pas été rendus publics comme il est dit à l'article 59 ne sont opposables aux tiers que jusqu'à l'expiration de la période de 9 années en cours au jour de l'inscription, soit de l'acte par lequel le bailleur a disposé de la propriété ou de la jouissance de l'immeuble, soit de l'acte ou du jugement qui a réservé le profit de cette jouissance à ses créanciers.*

En aucun cas, le preneur ne peut être contraint de quitter les lieux loués s'il n'a reçu congé selon les termes de l'article 1736 du Code civil.

M. Luciani.— En présence des dispositions de l'article 58, cet article me semble également inutile. Je propose donc de l'écarter comme les articles précédents.

Adopté.

M. Pouyanne.— Je crois devoir faire toutes réserves au sujet de la suppression des articles 66 à 70 que vient de prononcer la commission. Les dispositions qu'ils contiennent me paraissent devoir être maintenues dans le texte de la loi afin d'éviter toute difficulté dans l'interprétation de l'article 58. Il pourrait en effet arriver que les tribunaux n'adoptent pas sur ce point la manière de voir de la commission.

Lecture est donnée de l'article 71 ci-après :

Article 71. — *L'action résolutoire pour inexécution des conditions du contrat de vente ou de tout autre contrat à titre onéreux ou gratuit, translatif ou déclaratif de droits réels immobiliers, ne peut être exercée au préjudice des tiers si le droit de résolution n'a pas été rendu public par une inscription antérieure à celle de leurs droits.*

La même règle est applicable au droit de révocation d'une disposition testamentaire pour cause d'inexécution des charges imposées au gratifié, aux droits de retrait établis par les articles 841, 1699 à 1701 et 1408, paragraphe 2 du code civil, à la faculté de reméré, et à toute autre cause de résolution établie par la volonté des parties.

Dans le cas où la résolution pour inexécution des conditions peut être opposée aux tiers, il est loisible à ces derniers d'en prévenir les effets en procurant l'exécution. Ce droit peut être exercé tant que la décision prononçant la résolution n'est pas passée en force de chose jugée.

M. Maginot. — Il me paraît inutile d'insérer ces dispositions dans la loi car elles ne sont que l'application du principe général que nous avons déjà posé. Il est bien évident, en effet, que seuls les droits inscrits pourront avoir effet à l'égard des tiers. Aussi et sans qu'il soit nécessaire dans notre texte de prendre de dispositions à ce sujet, les parties qui auront intérêt à faire inscrire une clause de résolution — lorsqu'elle ne résultera pas des termes mêmes de la convention qui fera l'objet de l'inscription comme dans le cas d'une vente à réméré, où la clause de résolution se trouve forcément inscrite en même temps que la convention — prendront-elles d'elles-mêmes leurs précautions pour que cette inscription soit faite.

M. Luciani. — Je suis absolument de l'avis de M. Maginot et je vous propose de supprimer cet article.

Adopté.

M. Pouyanne. — Comme pour les articles 66 à 70, je proteste contre la suppression de l'article 71 dont les dispositions me paraissent essentielles.

Article 72. — *Hors le cas d'une réserve expresse dans l'acte portant donation d'un immeuble immatriculé, le rapport, en ce qui concerne cet immeuble, n'a lieu qu'en moins prenant et sur le pied de la valeur de l'immeuble au temps de la donation.*

La clause imposant le rapport en nature n'est opposable aux tiers que si elle a été inscrite sur le titre de propriété.

M. Mallet. — Je suis d'avis d'écarter cet article, car il tend à créer une inégalité au profit des immeubles immatriculés, en supprimant pour eux, le rapport en nature à moins de réserve expresse dans l'acte de donation. Je ferai remarquer, au surplus, que l'obligation d'inscrire la clause imposant le rapport résulterait suffisamment des dispositions de l'article 58 sans qu'il soit nécessaire de l'énoncer par un texte spécial.

La Commission se prononce pour la suppression de l'article 72.

La séance est levée à 6 heures.

Le Président,	*Le Secrétaire,*
LUCIANI.	MARIS.

8e SÉANCE

Séance du 2 Janvier 1907

La séance est ouverte à 9 heures 1/2 du matin.

Tous les membres sont présents, à l'exception de M. Morand, excusé.

M. Mallet. — Avant de reprendre l'examen du projet, je voudrais présenter une observation. Dans sa dernière séance, la Commission s'est prononcée, et moi-même tout le premier, pour l'incorporation dans notre texte de l'article 26 du projet soumis à la Chambre. En vue de l'inscription des mutations par décès, cet article prescrit l'envoi à la Conservation de la propriété foncière de toutes les déclarations de décès qui se produiront dans la Colonie. Le Conservateur va donc se trouver dans l'obligation de dépouiller des milliers de déclarations parmi lesquelles le plus grand nombre ne présenteront aucun intérêt au point de vue du fonctionnement du régime de l'immatriculation. Après y avoir réfléchi, j'éprouve un véritable scrupule à lui imposer une tâche aussi écrasante.

M. Pouyanne. — Je ferai remarquer, de mon côté, que dans de telles conditions, on rencontrera les plus grandes difficultés à trouver un homme qui consente à remplir les fonctions de Conservateur. Tous les jours, cet agent recevra de véritables monceaux de paperasses dont l'examen exigera un temps considérable. De sorte que, pour diminuer sa besogne, on se verra dans l'obligation de multiplier les conservations, ce qui entraînera des frais excessifs. Le système que j'avais proposé et qui consistait à charger les maires et les administrateurs d'une partie du travail permettait au contraire d'alléger considérablement la tâche du Conservateur et évitait les inconvénients que je viens de signaler.

M. Luciani. — Nous sommes tous d'accord sur le principe de la publicité des transmissions successorales. Cette mesure est absolument nécessaire pour maintenir une concordance constante entre les indications du livre foncier et l'état réel de la propriété. Où nous nous séparons, c'est sur les moyens à employer pour obtenir ce résultat. A mon avis, on ne peut songer à substituer l'action des maires et des administrateurs à celle du Conservateur, car on enlèverait toute la responsabilité à ce dernier pour l'imposer aux premiers. Le système de l'article 26 me paraît excellent à condition qu'on diminue le travail du Conservateur. D'ailleurs, en pratique, la mission de cet agent se trouvera facilitée dans une large mesure par la constitution aujourd'hui réalisée de l'état-civil des indigènes.

M. Pouyanne. — Je crois que l'on exagère la responsabilité qui incomberait aux maires et aux administrateurs si mes propositions étaient adoptées. Le soin de provoquer les inscriptions incombe en effet entièrement aux intéressés et le rôle de l'administration doit se borner, non à se substituer à eux, mais à leur faciliter l'accomplissement des formalités qu'ils ont à remplir. La responsabilité qui résulterait pour les maires et administrateurs de l'application de mon système serait donc d'ordre purement administratif et ne se traduirait, le cas échéant, que par des injonctions ou des peines disciplinaires.

M. Maginot. — En ce qui me concerne, je serais d'avis de maintenir tel qu'il a été adopté par la commission l'article 26 dont on semble exagérer les difficultés d'application. Si, dans la pratique, les Conservateurs se trouvent avoir à faire face à un travail trop considérable, ce que redoute pour eux M. Mallet, on en sera quitte pour augmenter le nombre des conservations de manière à ce qu'il réponde exactement aux besoins. Nous voulons introduire dans la Colonie un régime nouveau. Un projet aussi considérable que celui que nous discutons présentement ne peut avoir la prétention d'éluder à priori toutes les difficultés.

L'expérience seule nous éclairera sur le jeu de certaines de ses dispositions, alors une mise au point, dont il faut dès à présent envisager l'éventualité, sera peut-être nécessaire. Il appartiendra au pouvoir réglementaire de déterminer et de modifier les conditions d'application de la loi dont nous élaborons les principes et de régler les difficultés auxquelles certaines de ses dispositions peuvent donner lieu.

M. Mallet. — Sous ces réserves, je me rallie à la proposition de M. Maginot.

A la suite de ces observations, la commission se prononce pour le maintien de l'article 26.

M. Pouyanne. — De mon côté et pour dégager ma responsabilité, je voudrais soumettre à la commission une proposition. Dans la dernière séance, vous avez écarté un certain nombre de dispositions empruntées au projet de M. Massigli et qui avaient pour objet la publicité des causes d'éviction. Je crains que la Commission ne se soit engagée dans une voie dangereuse en méconnaissant l'importance de cette publicité. Si on ne prévoit pas l'inscription des causes d'éviction, les intéressés négligeront ou croiront inutile d'y recourir et ne pourront dès lors invoquer le bénéfice de ces causes. Aussi, et à défaut du système de M. Massigli qui consiste à prévoir une à une les diverses causes de résolution qui peuvent menacer le droit de propriété, voudrais-je tout au moins qu'on insérât à l'article 58 une disposition générale visant la nécessité de leur inscription. Je signale à la Commission que, dans son ouvrage sur les livres fonciers, M. E. Besson attache une grande importance à la publicité des causes d'éviction.

M. Luciani. — Il me semble qu'en présence des énonciations très compréhensives de l'article 58, l'addition proposée par M. Pouyanne est inutile. Nous ne pouvons au surplus avoir la prétention de prévoir toutes les causes d'éviction, ni d'assurer une garantie complète de tous les droits. Il faut bien que les intéressés se protègent eux-mêmes et la loi sera toujours impuissante à suppléer à leur négligence ou à leur incapacité.

La Commission se prononce dans ce sens.

M. Tédeschi. — Je désirerais également vous entretenir d'une question à laquelle j'attache une très grande importance et que j'ai déjà signalée à l'attention de la commission. Je voudrais que les immeubles soumis au régime dotal ne puissent être immatriculés, et que si un immeuble immatriculé devient dotal, il soit rayé des livres fonciers. En demandant l'application du système Torrens, nous voulons organiser le crédit immobilier. Or, les immeubles dotaux ne peuvent être ni aliénés ni hypothéqués, ils ne sauraient donc servir de base au crédit.

A titre subsidiaire et au cas où ma proposition vous paraîtrait trop radicale, je demanderais qu'une mention fût tout au moins inscrite sur le livre foncier pour avertir les tiers de la cause d'indisponibilité qui grève l'immeuble.

M. Pouyanne. — Les préoccupations que vient d'exprimer M. Tédeschi me paraissent absolument justifiées. Elles font ressortir l'intérêt qu'il y aurait à adopter les dispositions prévues dans le projet de M. Massigli en vue de la publicité des causes d'éviction.

M. Maginot. — La dotalité rentrant dans la série des faits qui modifient la nature des droits réels est par cela même prévue par l'article 58. Elle devra donc être inscrite sans qu'il soit nécessaire de le prévoir par une disposition spéciale. Et il n'y a pas à craindre qu'elle échappe à cette formalité. Si, en effet, elle est antérieure à l'immatriculation, elle aura été révélée par l'enquête préalable à l'établissement du titre. Si, au contraire elle est postérieure, il se trouvera toujours quelqu'un qui aura intérêt à faire connaître son existence, ne fût-ce que celui ayant constitué la dot. De toutes façons, elle sera inscrite, et il n'y a pas à redouter que les tiers se trouvent lésés de ce chef. Ils seront donc toujours informés de la véritable situation de l'immeuble.

Dans ces conditions, je ne crois pas qu'il y ait lieu de déclarer, comme le demande M. Tédeschi, que le régime de la dotalité est inconciliable avec celui de l'immatriculation, ni même qu'il soit nécessaire de prévoir une disposition spéciale en vue de l'inscription de cette charge.

La Commission se rallie à la manière de voir de M. Maginot.

M. LUCIANI. — Après les explications qui précèdent, vous penserez sans doute avec moi, messieurs, qu'il est est inutile de maintenir les articles 73 à 79 qui visent l'inscription de faits rentrant dans la catégorie de ceux auxquels s'applique l'article 58.

La Commission se prononce pour la suppression des articles 73 à 79 ci-après :

Article 73. — *L'action en réduction d'une libéralité pour cause d'atteinte à la réserve héréditaire, l'action en nullité ou en redressement d'un partage d'ascendants pour les causes prévues par l'article 1078 et la seconde disposition de l'article 1079 du code civil, ainsi que les actions ouvertes pour cause de survenance d'enfant au donateur ou de révocation d'une donation entre époux, ne peuvent être exercées au préjudice des tiers qui ont acquis des droits sur les immeubles formant l'objet de la libéralité ou du partage et qui les ont conservées conformément à la loi, sauf l'effet d'une prénotation.*

Les actions conservées par une prénotation ne peuvent être exercées au préjudice des tiers que discussion préalablement faite des biens des donataires, des légataires ou des cohéritiers copartagés et en observant, s'il y a lieu, l'ordre des dates des aliénations, en commençant par la plus récente.

Article 74. — *Le premier paragraphe de l'article 958 du code civil est modifié ainsi qu'il suit pour les immeubles immatriculés :*

La révocation pour cause d'ingratitude ne préjudiciera ni aux aliénations faites par le donataire, ni aux hypothèques et autres charges réelles qu'il aura pu imposer sur le bien donné, pourvu qu'elles aient été inscrites antérieurement à la prénotation insérée au titre de propriété en vertu de la demande en révocation, ou à défaut de prénotation, antérieurement à l'inscription opérée en vertu du jugement de révocation.

Article 75. — *Il est ajouté au premier paragraphe de l'article 299 du code civil la disposition qui suit, pour les immeubles immatriculés :*

Cette révocation ne préjudiciera pas aux droits acquis à des tiers du chef de l'époux qui l'aura encourue, sur les immeubles compris dans les avantages à lui faits par l'autre époux, pourvu que ces droits aient été inscrits antérieurement à la prénotation que l'époux donateur aura la faculté de requérir, en vertu de la demande en divorce, ou à défaut de prénotation, antérieurement à l'inscription qu'il pourra requérir à son profit en vertu du jugement de divorce.

Il en sera de même en cas de séparation de corps.

Article 76. — *Les actions en rescision ou en nullité dirigées soit contre un acte, soit contre un contrat translatif ou déclaratif de droits réels immobiliers, qu'elles soient fondées soit sur un vice de consentement, soit sur la lésion, soit sur tout autre motif, et l'action en revendication du légitime propriétaire en cas d'usurpation, n'ont pas d'effet contre les tiers qui ont acquis de bonne foi (à titre onéreux) des droits sur l'immeuble.*

Article 77. — *Les actions en nullité fondées sur les articles 446 et 447 du code de commerce n'ont pas d'effet contre les tiers qui ont acquis à titre onéreux des droits sur les immeubles aliénés par le débiteur et qui les ont conservés avant la prénotation faite en vertu du jugement fixant la date de la cessation des payements ou en vertu de la demande en nullité, à moins qu'il ne soit démontré qu'il n'ait eu connaissance des vices du titre de leur auteur.*

Il en est de même de l'action en nullité fondée sur la première disposition de l'article 483 du code de commerce, s'il y a eu ni prénotation en vertu de la demande en déclaration de faillite, ni mention du jugement déclaratif de la faillite ou de la liquidation judiciaire avant l'inscription des droits des tiers sous acquéreurs.

Article 78. — *Dans le cas où les actions visées par les deux articles précédents n'ont pas d'effet contre un tiers sous acquéreur, à raison de sa bonne foi, ceux qui tiennent leurs droits de ce dernier, même à titre gratuit, sont pareillement à l'abri de l'éviction.*

Article 79. — *Lorsqu'un droit de résolution, une action en revendication, ou une action en nullité ou en rescision préjudicie aux droits de créanciers privilégiés ou hypothécaires, les sommes que le propriétaire antérieur ou le revendiquant peut être tenu de rembourser sont attribuées jusqu'à concurrence à ces créanciers suivant leur rang.*

M. Luciani. — Nous abordons la procédure de l'inscription. Je vous donne lecture de l'article 80.

Article 80. — *Toute inscription au registre foncier s'opère au moyen d'énonciations sommaires, indiquant tous les faits et causes susceptibles d'influer sur la nature, l'efficacité et la durée des droits objets de l'inscription. Elle est datée et elle porte la signature du conservateur, à peine de nullité.*

M. Luciani.— Cet article, qui correspond au numéro 66 du projet de la première commission, avait paru devoir être renvoyé au règlement d'administration publique lors de l'élaboration du texte soumis à la Chambre. Ne conviendrait-il pas de maintenir cette solution ?

M. Pouyanne.— A mon avis, l'article 80 doit être inséré dans le texte de la loi parce qu'il déroge au droit commun. Il prévoit en effet que toute inscription s'opèrera par énonciations sommaires alors que, d'après le Code civil, elle doit être faite in extenso.
Son insertion dans le texte de la loi me paraît encore s'imposer à raison de ce fait qu'il prévoit une cause de nullité et qu'une telle sanction ne peut exister qu'en vertu d'un texte législatif.

L'article 80 est maintenu sans modification par la Commission.

M. Tédeschi.— A l'appui des demandes d'inscription, je pense qu'il serait bon de faire déposer deux bordereaux identiques dont l'un resterait à la Conservation et l'autre serait remis à la partie.

M, Mallet.— Ce système ne se concilierait pas avec le système Torrens qui laisse au Conservateur le soin d'inscrire sous sa responsabilité tous les droits résultant des actes et documents qui lui sont remis. Je ne crois pas dès lors qu'il y ait lieu de s'arrêter à la proposition de M. Tédeschi.

La Commission se prononce dans ce sens.

M. Luciani. — Je donne lecture de l'article 81 :

Article 81. — *Toute personne intéressée peut, en produisant les pièces dont le dépôt est prescrit par la présente loi, requérir du conservateur l'inscription, la radiation ou la rectification de l'inscription d'un droit réel immobilier.*

M. Luciani. — Cet article me paraît inutile et je propose de le supprimer.

M. Pouyanne. — Il a pour but d'indiquer que le Conservateur ne peut exiger d'autres pièces que celles qui sont prévues par la loi. Il me semble qu'il y a intérêt à le maintenir afin de mettre à couvert la responsabilité du Conservateur tout en renseignant les personnes intéressées sur l'étendue des obligations qui peuvent leur être imposées en ce qui concerne la production des pièces.

M. Maginot. — Comme à M. Luciani, cet article me paraît superflu. Je serais d'ailleurs d'avis de de reprendre les articles concernant la procédure de l'inscription du projet soumis à la Chambre, sauf les numéros 23 et 25 que le Ministre de la Justice a signalés comme pouvant être renvoyés au règlement d'administration publique.

La Commission, se rangeant à cette manière de voir, écarte l'article 81.

Lecture est donnée de l'article 82.

Article 82. — *Pour pouvoir être inscrit, tout droit réel doit être tenu directement du titulaire de l'inscription précédemment prise. En conséquence, dans le cas où un droit réel a fait l'objet de plusieurs mutations ou conventions successives, la dernière mutation ou convention ne peut être inscrite avant les précédentes.*

Cet article étant la reproduction textuelle de l'article 24 du projet soumis à la Chambre est adopté sans observations.

M. Luciani. — Je donne lecture de l'article 83.

Article 83. — *Les tiers qui ont acquis des droits sur un immeuble peuvent en requérir l'inscription nonobstant le décès du constituant, alors même que sa succession serait déclarée vacante ou acceptée sous bénéfice d'inventaire.*

M. Mallet. — Je ne crois pas que nous puissions suivre le projet de M. Massigli dans tous ses détails. Il nous faudrait trop de temps pour l'étudier, chacun de ses articles nécessitant un examen minutieux et prolongé.

M. Pouyanne. — Je vais donner lecture des commentaires par lesquels M. Massigli justifie les dispositions contenues dans cet article. (Voir rapport général, pages 70 et suivantes.)

M. Luciani. — Je propose d'écarter l'article 83 comme ne constituant pas une disposition essentielle. D'ailleurs, le droit commun suffira pour réglementer le point spécial auquel s'applique cet article.

Adopté.

Article 84. — *Les aliénations et constitutions de droits réels valablement consenties par le débiteur avant le jugement déclaratif de la faillite ou de la liquidation judiciaire peuvent être utilement inscrites jusqu'à l'insertion de la mention du dit jugement sur le registre foncier.*

La Commission écarte également cet article, dont les dispositions pourraient faciliter la fraude.

Article 85. — *Les inscriptions à prendre sur les biens d'une personne décédée peuvent être prises sous la simple désignation du défunt.*

M. Tédeschi. — Cette disposition étant prévue par le Code civil, il est inutile de l'insérer dans notre texte. Elle pourra trouver place, si cela est jugé nécessaire, dans le règlement d'administration publique.

La Commission supprime l'article 85.

Elle renvoie également au réglement d'administration publique l'article 86 ci-après :

Article 86. — *En cas de décès du détenteur d'un droit réel immobilier non inscrit, l'inscription peut, avant la liquidation ou le partage, être prise au nom de la succession, sur la seule production de l'acte de décès, et ces inscriptions seront modifiées après partage, en conformité de l'acte de partage qui sera produit.*

Lecture est donnée de l'article 87.

Article 87. — *L'inscription de droits transmis ou constitués sous condition supensive ne peut avoir lieu qu'après l'évènement de la condition, l'acquéreur peut seulement, pour la garantie de son droit conditionnel, requérir une prénotation.*

Il en est de même dans le cas d'acquisition de la propriété ou d'un droit réel immobilier par un tiers qui s'est porté fort pour l'acquéreur, tant que la ratification n'est pas intervenue.

Après avoir entendu la lecture du commentaire de M. Massigli relatif à cet article, la Commission se prononce pour sa suppression.

Article 88. — *Les actes présentés à l'appui d'une demande d'inscription peuvent être authentiques ou sous seing privé.*

M. Pouyanne. — L'article 88 est formé du premier paragraphe de l'article 22 du projet soumis à la Chambre ; le second paragraphe constitue l'article 90 de mon projet.

Cette division répond aux deux catégories d'actes qui peuvent être produits à l'appui d'une demande d'inscription.

L'article 88 est adopté.

Article 89. — *Les notaires et greffiers notaires sont personnellement responsables de la vérification de l'identité des parties qui ont passé devant eux des actes authentiques.*

M. Maginot. — Cet article me paraît devoir être écarté comme inutile. La responsabilité des notaires devant lesquels sont passés des actes authentiques existe, sans qu'il soit besoin d'un texte nouveau pour la décréter. D'ailleurs, en principe, je crois que nous devons nous abstenir de compléter le texte soumis à la Chambre sur les points qui n'ont donné lieu à aucune observation de la part des Ministres.

M. Pouyanne. — Si j'ai cru devoir insérer cet article dans le projet, c'est pour remédier aux fraudes qui se produisent fréquemment dans l'établissement des actes notariés et dont les tribunaux sont journellement saisis.

La Commission écarte l'article 89.

Lecture est donnée de l'article 90 ci-après :

Article 90. — *Les parties signataires des actes sous seing privé, à défaut de comparution devant le conservateur, devront comparaître en personne, soit devant le juge de paix, soit devant le notaire, soit devant le maire ou l'administrateur du lieu où elles résident. Si les juges de paix, notaire, maire ou administrateur ne connaissent pas personnellement les contractants, ils devront faire certifier leur identité par deux témoins connus d'eux et connaissant eux-mêmes les parties. Mention de la comparution des parties, de leurs témoins sera portée sur les actes sous seing privé. Dans le cas où le juge de paix, notaire, maire ou administrateur ne connaîtrait pas personnellement les contractants, la photographie simultanée en un seul groupe des parties, de leurs témoins et du maire, administrateur, juge de paix ou notaire devra être jointe à l'acte, et certifiée exacte par ces derniers. Les maires, administrateurs, juges de paix, notaires seront personnellement responsables, à peine de tous dommages intérêts, vis-à-vis des intéressés, au cas ou ils auraient faussement déclaré connaître les parties ou leurs témoins. Il en sera de même des témoins qui auraient déclaré faussement connaître les contractants.*

La Commission adopte la première partie de l'article 90 jusqu'aux mots : « *Dans le cas où...* » et décide que, comme dans le projet soumis à la Chambre, cette disposition sera réunie à l'article 88 pour former un seul article.

M. Pouyanne. — L'obligation de la photographie, prévue par la deuxième partie de l'article 90, est une innovation qui me paraît s'imposer, si l'on veut assurer la sincérité des actes produits à l'appui des demandes d'inscription. Cette obligation ne soulèvera, à mon avis, en pratique, aucune difficulté sérieuse. Le Conservateur se bornera à exiger la photographie des contractants qui, peu à peu, s'habitueront à cette formalité.

M. Luciani. — Je suis convaincu que l'idée de M. Pouyanne est juste et qu'elle finira par s'imposer. Mais, pour le moment, elle cadre mal avec nos habitudes et produit même, à première vue, une impression de bizarrerie. Je la crois donc prématurée.

M. Maginot. — J'estime, comme M. le Président, que cette disposition n'aurait aucune chance d'être adoptée par le Parlement, malgré les avantages qu'elle peut présenter.

M. Pouyanne. — Alors, il faudra décider que les actes devront être authentiques sinon il se produira tous les jours des inscriptions frauduleuses, ce qui jettera le discrédit sur le nouveau régime.

M. Luciani. — La question de savoir si les actes devront être établis dans la forme authentique ou sous seing privé ayant été longuement discutée au sein de la première Commission, ne me paraît pas pouvoir être soulevée à nouveau. Je propose de supprimer la partie de l'article 90 relative à la production de la photographie.

Adopté.

M. Maginot. — Supprimez-vous également le passage qui a trait à la responsabilité des Maires et des Administrateurs dans l'établissement des actes sous-seing privé ?

M. Luciani. — Je suis d'avis de répondre affirmativement. La responsabilité administrative qui incombe actuellement aux Maires et aux Administrateurs dans l'accomplissemeut de leurs fonctions me paraît une garantie suffisante. D'ailleurs, il me semble bien difficile de leur imposer des dommages intérêts à l'occasion d'actes qui sortent un peu de leurs attributions normales.

La Commission se prononce pour la suppression de la phrase finale de l'article 90.

Elle écarte également l'article 91 ci-après :

Article 91. — *Les rédacteurs des actes sous seing privé présentés à l'inscription ne sont pas astreints à l'observation des formalités prescrites par l'article 1325 du Code civil. Ils sont astreints, s'il y a lieu, aux prescriptions de l'arrêté du 9 juin 1831.*

En conséquence, la rédaction des actes sous seing privé continuera à être régie par le droit commun.

La Commission, estimant qu'il est inutile de prévoir de dispositions spéciales pour les procurations, se prononce également pour la suppression de l'article 92 ainsi conçu :

Article 92. — *Les procurations pour passer les actes destinés à être présentés à l'inscription doivent satisfaire aux conditions indiquées aux articles 90 et 91 précédents.*

Article 93. — *Les jugements qui ne sont pas passés en force de chose jugée ne peuvent servir de base à une inscription. Ils autorisent seulement une prénotation.*

Le recours formé par voie extraordinaire contre un jugement passé en force de chose jugée ne fait point obstacle à l'inscription. L'admission de ce recours est sans effet à l'encontre des tiers qui ont acquis (à titre onéreux) des droits sur l'immeuble, s'il n'est point prouvé qu'ils aient eu connaissance de la demande ou s'il y a eu prénotation.

M. Tédeschi. — A l'exception de la prénotation prévue dans le premier paragraphe, les dispositions contenues dans cet article me paraissent superflues. Elles s'imposent de plein droit. Il est donc inutile à mon avis de les maintenir.

M. Mallet. — Je ne crois même pas qu'il soit nécessaire de conserver le premier paragraphe, car le cas qui s'y trouve visé rentre dans la généralité des faits prévus par l'article 63 sur les prénotations.

La Commission adoptant cette manière de voir se prononce pour la suppression de l'article 93.

Article 94. — *Le conservateur vérifie si les conditions exigées par la loi pour la régularité des actes présentés à l'inscription se trouvent réalisées. Il vérifie également si les parties sont capables et libres de disposer de leurs droits. S'il a des doutes sur ce point, il demande au requérant toutes justifications utiles en lui fixant le délai nécessaire pour les produire ; en attendant la production des justifications, il insère au registre foncier une prénotation pour la conservation des droits du requérant.*

M. Maginot. — Cet article, sauf la partie finale à partir des mots : *en lui fixant le délai ......* correspond au premier paragraphe de l'article 25 du projet soumis à la Chambre et a fait l'objet des observations suivantes de la part du Ministre de la Justice : *Les prescriptions de détail contenues dans les articles 23 et 25 sembleraient mieux à leur place dans un règlement d'administration publique.* En présence de ces observations, il semble *a priori,* que nous devrions renvoyer l'article 94 au décret.

M. Pouyanne, — Avant de vous prononcer sur ce point, je désire appeler votre attention sur l'importance des dispositions contenues dans l'article 94. Ce sont, en effet, ces dispositions qui engagent la responsabilité du Conservateur. Or, il me paraît absolument indispensable de dire en quoi consiste cette responsabilité. Je demande donc le maintien de l'article dans le texte législatif.

M. Tédeschi. — J'appuie la demande de M. Pouyanne, car il s'agit de dispositions contraires au droit commun et qui, pour ce motif, sont bien du domaine de la loi. Cependant, je serais d'avis de supprimer l'addition faite au texte emprunté à l'article 25. La fixation du délai qui s'y trouve prévu me paraît pouvoir être réglementée par le décret. D'autre part, je suis quelque peu effrayé par le nombre des prénotations à inscrire sur le registre foncier. Mieux vaut, à mon avis, s'en tenir au principe posé par l'article 63, d'après lequel les prénotations ne peuvent être autorisées que par ordonnance du président du Tribunal, et ne pas mettre en cause la responsabilité du Conservateur, sur ce point.

A la suite de ces observations, la Commission se prononce pour la suppression de la fin de l'article 94, à partir des mots : *en lui fixant le délai nécessaire.*

Elle écarte également les articles 95, 96, 97, dont les dispositions peuvent être renvoyées au règlement d'administration publique ou sont devenues sans objet par suite de la suppression de la prénotation prévue à l'article 94.

Ces articles sont ci-après reproduits :

Article 95. — *Si les justifications demandées sont produites dans le délai imparti au requérant, le Conservateur procède à l'inscription, en la portant à la date de la prénotation, et il opère la radiation de celle-ci.*

Article 96. — *Si dans le délai imparti au requérant, les justifications demandées ne sont pas produites, ou s'il n'est produit que des justifications insuffisantes, le Conservateur opère la radiation de la prénotation et il refuse l'inscription, par décision motivée. Il notifie ensuite cette décision au requérant.*

Article 97. — *Celui-ci peut appeler de la décision du Conservateur devant la Chambre des Immatriculations, selon les formes et dans les délais prescrits à l'article 23. La Chambre des Immatriculations ordonne l'inscription ou rejette la requête, après toutes mesures d'instruction utiles s'il y a lieu. L'inscription ordonnée est opérée sur le registre foncier à la date à laquelle la décision de la Chambre des immatriculations aura été mentionnée sur le registre des dépôts.*

La séance est levée à 11 heures 1/2.

Le Président, LUCIANI.

Le Secrétaire, MARIS.

9e SÉANCE

Séance du 3 janvier 1907

La séance est ouverte à 9 heures et demie du matin.

Tous les membres sont présents, à l'exception de M. Morand, excusé.

M. LUCIANI. — Nous allons poursuivre l'examen de la procédure de l'inscription. Je vous donne lecture de l'article 99 auquel nous nous étions arrêtés dans notre dernière séance.

Article 99. — *Le requérant peut encore adresser utilement au Conservateur les justifications réclamées, tant que le dossier n'a pas été transmis par ce dernier au juge rapporteur de la Chambre des immatriculations. Si ces justifications sont jugées suffisantes par le Conservateur, celui-ci opère l'inscription demandée, mais à la date seulement où leur arrivée a été mentionnée sur le registre des dépôts; si elles sont jugées insuffisantes, le Conservateur en avise le requérant et les transmet au juge rapporteur avec le reste du dossier.*

M. LUCIANI. — J'estime que, comme ceux qui le précèdent, cet article peut être renvoyé au règlement d'administration publique. Il s'agit, en effet, de dispositions de détails qui rentrent dans le domaine de la réglementation.

Adopté.

Article 100 — *Toute personne au nom de laquelle l'inscription est prise sur les registres fonciers doit faire élection de domicile au siège de la Conservation, faute de quoi toutes les significations lui sont faites valablement au parquet du Procureur de la République.*

M. Tédeschi — Je suis d'avis de maintenir cet article. Il reproduit une disposition du Code civil que je trouve utile d'insérer dans notre projet.

La Commission se rallie à cette manière de voir.

Article 101. — *Il est enjoint aux notaires et aux cadis, à peine de 100 francs d'amende et de dommages intérêts, s'il y a lieu, de requérir dans le délai de 20 jours inscription ou mention des droits résultant des actes reçus par eux relativement à des immeubles immatriculés ou déposés dans leurs minutes.*

M. Pouyanne. — Cet article répond aux mêmes préoccupations que celles qui ont inspiré l'article 26 du projet soumis à la Chambre et qui a pour objet d'assurer l'inscription des mutations par décès. En enjoignant aux notaires et aux cadis de faire inscrire les droits résultant des actes reçus par eux relativement à des immeubles immatriculés, on évitera qu'un grand nombre de mutations n'échappent à la formalité de l'inscription. On empêchera ainsi qu'une discordance ne s'établisse entre l'état de fait de la propriété et sa situation, telle qu'elle résulte du livre foncier. Il faut tenir compte de l'ignorance et de la négligence des intéressés. Un grand nombre omettront de faire mentionner leurs droits, particulièrement au début du fonctionnement de la nouvelle législation. C'est, d'ailleurs, ce qui est arrivé en Tunisie où, d'après le Conservateur, un quart des mutations ne font l'objet d'aucune inscription. Ce serait une faute que de ne pas utiliser le concours très efficace que peuvent nous prêter les officiers ministériels pour éviter ces inconvénients. Du moment que nous prévoyons des dispositions spéciales pour assurer l'inscription des mutations par décès, il serait illogique de ne pas agir de même à l'égard des mutations entre vifs.

M. Mallet. — Je me demande si nous n'allons pas déplacer les responsabilités en obligeant les notaires et les cadis à se substituer aux intéressés. J'estime, pour ma part, que l'initiative des inscriptions doit être entièrement laissée aux parties qui doivent rester seules juges des mesures qu'elles ont à prendre pour assurer la sauvegarde de leurs intérêts et qui pourront d'ailleurs se renseigner auprès des hommes d'affaires si elles ne peuvent se rendre compte elles-mêmes du mécanisme de la loi. L'intervention des notaires et des cadis constituerait une véritable prime à l'imprévoyance. D'autre part, ces officiers ministériels, pour dégager leur responsabilité, exagéreraient les précautions et feraient revivre une multitude de droits sans importance qu'il vaut mieux laisser disparaître. En tout cas, je demande, si l'article est ad[illegible] qu'on supprime l'amende prévue à leur en[illegible]re

M. L[illegible] — J'estime comme M. Mallet qu'il n'y a [illegible] d'obli[illegible] les notaires et les cadis à intervenir [illegible] place des intéressés. Ce luxe de précautions constituerait à mon avis une sorte d'aveu d'impuissan[illegible]ard du nouveau régime et n'aurait d'autre [illegible]que d'augmenter l'imprévoyance des intéressés. J'estime d'ailleurs qu'on ne saurait comparer la question des mutations par décès avec celle des mutations entre vifs. Pour les transmissions successorales, il est nécessaire de prévoir des dispositions spéciales car, non seulement ces transmissions s'opèrent indépendamment de la volonté des parties, mais il s'agit de réagir contre un état de choses traditionnel d'après lequel les droits sucessoraux ne font l'objet d'aucune publicité. Je pense, enfin, que le nouveau régime ne doit comporter d'autre pénalité que les déchéances encourues par les intéressés lorsqu'ils négligent de remplir les formalités prévues par la loi.

M. Maginot. — Je suis, pour ma part, d'avis de maintenir les dispositions contenues dans l'article 101 car elles me paraissent de nature à contribuer puissamment au bon fonctionnement de la loi. Je dois faire remarquer qu'il ne s'agit pas seulement, dans l'espèce, de sauvegarder les intérêts des parties, mais aussi ceux des tiers. Il y a un véritable intérêt général à ce que toutes les mutations entre vifs soient inscrites et je ne vois pas pourquoi on ne ferait pas appel, pour atteindre ce résultat, aux notaires et aux cadis qui sont les protecteurs naturels des intérêts de leurs clients.

M. Tédeschi. — J'estime également qu'il est nécessaire de tenir la main à ce que les mutations entre vifs soient inscrites sinon le nouvel instrument de crédit que nous voulons mettre à la disposition des populations se trouvera faussé. On nous dit qu'en Tunisie, les indigènes négligent de remplir cette formalité. Cette expérience nous oblige à prendre des précautions pour éviter que les mêmes inconvénients ne se produisent en Algérie. Et le meilleur moyen de rémédier à l'imprévoyance des intéressés, c'est de faire appel au concours des officiers ministériels. Je ne crois pas cependant que l'on puisse aller jusqu'à infliger une amende à ces derniers au cas où ils négligeraient de requérir l'inscription pour leurs clients, la responsabilité pécuniaire prévue par le texte me paraissant une sanction suffisante. J'estime également que ce serait aller trop loin que de les obliger à faire inscrire les droits résultant des actes déposés dans leurs archives.

A la suite de cet échange d'observations, la majorité de la Commission se prononce pour le maintien de l'article 101 après suppression des mots " *de cent francs d'amende et* " et " *ou déposés dans leurs minutes* ".

Lecture est donnée de l'article 102 ci-après :

Article 102. — *Lorsqu'un acte sous seing privé constatant une transmission de propriété ou une constitution d'hypothèque ou de droit réel sur un immeuble immatriculé sera présenté à l'enregistrement, le receveur mettra la partie qui l'aura présenté en demeure de le faire régulariser conformément à l'article 90 ci-dessus dans le délai d'un mois. Si la partie ne fait pas procéder à la régularisation dans le délai indiqué, elle encourra de plein droit une amende égale au principal du droit d'enregistrement et qui ne pourra être moindre de cinquante francs. Cette amende sera recouvrée comme en matière d'enregistrement.*

Lorsque l'acte sera retourné après régularisation au receveur, celui-ci le transmettra au conservateur de la propriété foncière qui procèdera à l'inscription.

M. Pouyanne. — Comme le précédent, cet article a pour objet de remédier à la négligence des intéressés. A cet effet, les actes sont en quelque sorte saisis au vol lors de leur passage chez le receveur de l'enregistrement qui fera procéder à l'inscription.

M. Mallet. — Je suis d'avis d'écarter cet article qui constitue le receveur juge de la régularité des actes soumis à l'enregistrement.

M. Luciani. — Je trouve comme M. Mallet que ces dispositions tendent à faire sortir le receveur de son rôle. Aussi, vous proposerai-je d'adopter la rédaction suivante :

Article 102. — *Lorsqu'un acte sous seing privé constatant une transmission de propriété ou une constitution d'hypothèque ou de droit réel sur un immeuble immatriculé sera présenté à l'enregistrement. le receveur le transmettra, après enregistrement, au conservateur de la propriété foncière à fin d'inscription.*

M. Mallet. — J'appelle l'attention sur ce point que, du fait de la transmission des actes au Conservateur, on va imposer une véritable responsabilité au receveur. Il serait peut-être nécessaire de dire comment s'opèrera cet envoi,

M. Pouyanne. — Je crois qu'il serait bon, d'autre part, de prévoir les conditions dans lesquelles se fera l'inscription par le Conservateur.

M. Luciani. — Ce sont des questions d'ordre secondaire dont la solution semble pouvoir être réservée au règlement d'administration publique.

Sous cette réserve, la Commission adopte le texte proposé par M. Luciani. Elle estime, en outre, que l'inscription d'office par le Conservateur n'aura lieu que si l'acte est régulier.

La Commission supprime les articles 103 et 104 qui avaient déjà été implicitement écartés par elle dans sa séance du 29 décembre. Ces articles deviennent, en effet, sans objet du moment que le soin d'assurer les mutations par décès est entièrement laissé au Conservateur, dans les conditions fixées par l'article 26 du projet soumis à la Chambre.

Ces articles sont reproduits ci-après :

Article 103. — *Le Conservateur de la propriété foncière notifiera aux maires et aux administrateurs toute immatriculation portant sur des immeubles de leur circonscription. A l'aide de ces notifications, les maires et administrateurs établiront la liste des personnes possédant des immeubles immatriculés dans leurs communes.*

Article 104. — *A la fin de chaque mois, les maires et administrateurs rechercheront si, parmi les personnes décédées dans le courant du mois, se trouvaient des propriétaires d'immeubles immatriculés. Dans l'affirmative, ils transmettront au Conservateur copie de l'acte de décès, en indiquant quels sont les héritiers présumés. Le Conservateur adressera alors à ceux-ci une notification pour les mettre en demeure de lui fournir, dans le délai de deux mois, un acte de notoriété dressé par le notaire ou le juge de paix, s'il s'agit d'un européen, le notaire, le cadi ou le juge de paix, s'il s'agit d'un indigène. Cet acte fera connaître les nom, prénoms, qualité et domicile de la personne décédée et constatera leurs droits exclusifs à l'hérédité. Sur le vu de cet acte, le Conservateur opèrera la mutation de l'immeuble ou des immeubles immatriculés au nom des héritiers.*

Les héritiers qui ne produiront pas, dans le délai de deux mois, l'acte de notoriété à eux demandé, encourront, chacun, une amende de deux cents francs, qui sera prononcée par le juge de paix, à la requête du Conservateur.

S'il s'agit d'une succession testamentaire, les ayants droit devront produire en outre l'acte testamentaire ou une copie de cet acte et, s'il y a lieu, le consentement des héritiers ou des légataires uni-

versels, ou la décision du Tribunal autorisant l'envoi en possession.

Lecture est donnée de l'article 105 ainsi conçu :

Article 105. — *Les ayants droit pourront, spontanément, requérir à leur profit l'inscription des droits réels immobiliers résultant de l'ouverture d'une succession, en produisant au Conservateur l'acte de notoriété et les pièces dont il est question à l'article précédent.*

M. Luciani. — J'estime que le cas prévu dans cet article rentre dans les dispositions générales de l'article 58 qui prévoit l'inscription de tous les faits susceptibles de modifier les droits réels qui existent sur l'immeuble. Il me paraît dès lors inutile de le maintenir.

La Commission se rallie à cette manière de voir.

Article 106. — *Les inscriptions, mentions et prénotations faites sur le registre foncier peuvent être rayées en vertu de tout acte ou jugement passé en force de chose jugée constatant, au regard de toutes les personnes intéressées à raison d'un droit dûment rendu public, la non existence ou l'extension du fait ou du droit auquel elles se rapportent.*

M. Luciani. — Je propose de substituer à ces dispositions la première phrase de l'article 58 du projet de la 1re commission qui me paraît plus claire et plus compréhensive Je serais en outre d'avis de l'insérer dans le titre de la procédure d'inscription où elle serait mieux à sa place. Cela reviendrait à rétablir l'article 81 que nous avons supprimé dans une séance précédente comme faisant double emploi avec d'autres articles du projet.

M. Maginot. — Je me rallie à la proposition de M. Luciani en demandant toutefois que la rédaction de la première phrase soit modifiée de la manière suivante :

« *Toute personne intéressée peut, en produisant les pièces dont le dépôt est jugé nécessaire par le Conser-*

vateur, requérir de ce dernier l'inscription, la radiation, la réduction ou la rectification de l'inscription d'un droit réel immobilier. »

La Commission adopte le texte proposé par M. Maginot et décide en outre, dans un intérêt d'ordre, de placer l'article 80 après les articles 81 et 82.

Article 107. — *Si la constatation de la non existence ou de l'extinction du droit n'a pas effet à l'égard de tous les intéressés, la main levée est portée au livre foncier comme modification de l'inscription.*

La Commission estime que cette disposition s'impose d'elle-même et qu'il n'est pas nécessaire de la stipuler dans la loi. L'article 107 est en conséquence écarté.

Article 108. — *Celui qui requiert la radiation doit, s'il y a lieu, déposer entre les mains du conservateur un original ou une expédition de l'acte en vertu duquel elle est demandée. Cet acte doit satisfaire aux prescriptions des articles 88 ou 90 ci-dessus.*

La Commission se prononce pour la suppression de cet article qui lui paraît inutile en présence des dispositions générales contenues dans l'article 58.

La séance est levée à 11 heures et demie.

Le Président,	*Le Secrétaire,*
LUCIANI.	MARIS.

10e SÉANCE

Séance du 4 janvier 1907 (matin)

La séance est ouverte à 9 heures du matin.

Tous les membres sont présents.

M. Luciani. — Je suis heureux de voir M. Morand reprendre sa place au milieu de nous et je lui exprime tous nos regrets de n'avoir pu, en raison de l'urgence que présente l'envoi du projet au Gouvernement, attendre son retour pour en entamer la discussion.

Nous avons déjà terminé l'examen des 108 premiers articles. Nous allons passer à l'article 109 dont je vous donne lecture :

Article 109. — *Le conservateur doit s'assurer, sous sa responsabilité, que les parties qui consentent la radiation sont capables et libres de disposer de leurs droits, que les pièces produites autorisent la radiation, et que les énonciations du registre foncier n'y font point obstacle.*

M. Luciani. — Nous avons vu que l'article 94 oblige le Conservateur, lorsqu'une inscription est requise, à vérifier la régularité des pièces et la capacité des parties. Ne suffirait-il pas de compléter cet article par une disposition visant la radiation ?

M. Mallet. — La responsabilité du Conservateur est plus grande en cas de radiation qu'en cas d'inscription. Pour ce motif, il me paraît nécessaire de maintenir l'article 109 qui fixe l'étendue des devoirs du Conservateur en matière de radiation.

Adopté.

Article 110. — *L'inscription, mention ou prénotation rayée, soit par l'effet d'une erreur, soit en vertu d'un acte ultérieurement annulé ou reconnu faux, soit en exécution d'un jugement ultérieurement rétracté ou cassé, ne revit pas de plein droit et doit être opérée de nouveau.*

L'inscription rétablie ne produit d'effet qu'à la date de son rétablissement, vis-à-vis des tiers qui ont acquis des droits de bonne foi et qui leur ont donné publicité depuis la radiation.

Elle a la même force que l'inscription primitive, à l'égard des ayants droit inscrits avant la radiation, à moins qu'il n'en doive résulter un préjudice par suite de faits accomplis ou acceptés par eux de bonne foi en conséquence de cette radiation.

M. Pouyanne donne lecture du commentaire de M. Massigli relatif à cet article. (Voir rapport général page 94).

Le premier paragraphe de l'article 110 est adopté sans observations.

M. Tédeschi. — Je crains que les dispositions contenues dans les deux derniers paragraphes ne donnent lieu à des difficultés et ne soient la source de procès. Je ferai remarquer, d'autre part, qu'en maintenant dans le texte les mots *de bonne foi*, nous rétablissons la distinction entre les tiers de bonne et de mauvaise foi contre laquelle nous nous sommes prononcés à propos de l'article 62.

M. Morand. — Il me paraît inutile de dire que l'inscription rétablie ne produit d'effet que vis-à-vis des tiers, cela va de soi puisque d'après le système de la commission, l'inscription n'a de valeur, que vis-à-vis des tiers.

Je ferai observer, d'autre part, que la dernière partie de l'article est en contradiction avec le principe de la force probante due aux registres fonciers. D'après ce principe, la seconde inscription ne devrait pas avoir d'effet antérieurement à la date à laquelle elle a été opérée. Or, le texte proposé la fait rétroagir. On retombe ainsi dans des distinctions que le système

Torrens a pour objet d'écarter. Je serais donc d'avis de supprimer toute la fin de l'article à partir des mots : *vis-à-vis des tiers qui ont acquis...*

Adopté.

M. Maginot. — Comme nous avons conservé deux articles concernant les radiations, nous pouvons, je crois, maintenir le sous titre : *Des Radiations.*

M. Luciani. — Je propose de suprimer l'article 144 concernant la radiation des hypothèques comme étant la reproduction de l'article 110. On ne saurait en effet, semble-t-il, admettre pour les hypothèques un système de radiation différent de celui des autres droits.

Adopté.

M. Luciani. — Nous arrivons à la section III relative à l'indication des changements qui se produisent dans l'étendue et la configuration des propriétés postérieurement à l'immatriculation.

M. Pouyanne. — La section précédente a pour objet de règlementer les modifications qui surviendront dans la constitution juridique des propriétés. Celle-ci a trait aux changements qui se produiront dans leur constitution physique. Ses dispositions ne sont que l'application de ce principe général que le bornage et le plan doivent suivre les modifications apportées à la consistance physique des immeubles.

Article 111.— *Dans le cas de la réunion de plusieurs immeubles immatriculés situés dans la même commune entre les mains d'un seul propriétaire, il pourra, sur sa demande, être procédé par le conservateur à l'établissement d'un nouveau titre unique, avec plan annexé, remplaçant les divers titres relatifs à ces immeubles.*

M. Luciani. — Cet article répond à un besoin de clarté et de simplification. Il est la reproduction textuelle de l'article 18 du projet de la première commission. Comme nous avons décidé de respcter les articles empruntés à ce projet, je vous propose de le maintenir dans notre texte.

Adopté.

Article 112. — *Lorqu'un immeuble est divisé, soit par suite d'un démembrement, soit par suite d'un partage, il est procédé au bornage de chacun des lots par le service topographique, qui rapporte cette opération sur une expédition du plan. Il est établi un titre et un plan distincts pour chacune des divisions de l'immeuble.*

Toutefois, en cas de distraction partielle, il n'est pas nécessaire d'établir un nouveau titre pour la partie de l'immeuble qui, ne faisant pas l'objet d'une transmission, reste en possession du propriétaire. Le titre déjà délivré et le plan qui y est joint peuvent être conservés après avoir été revêtus des mentions utiles.

M. Tédeschi. — Ne conviendrait-il pas de prévoir que, dans le cas où des constructions seraient élevées sur une parcelle postérieurement à l'immatriculation, mention devrait en être faite sur le plan et sur le titre? Du moment que nous voulons faire de l'immeuble un instrument de crédit, il est nécessaire d'indiquer sur le livre foncier toutes les particularités qui intéressent la valeur de cet immeuble et il n'est pas douteux que, parmi ces particularités, aucune n'est plus importante que sa transformation en propriété bâtie.

M. Pouyanne. — Je trouve l'observation de M. Tédeschi très juste. A mon avis, on devrait mentionner sur le titre, indépendamment des modifications des limites de l'immeuble, tous les changements qui se produisent dans sa consistance physique. De cette façon, le prêteur qui ne peut se rendre sur les lieux pourrait par une simple inspection du titre et du plan se faire une première idée de la valeur de l'immeuble offert en gage.

M. Luciani. — Il ne me paraît pas possible de tenir le livre foncier au courant de tous ces changements, cela obligerait à exercer sur l'immeuble une observation constante. Ce n'est qu'au moment de son établissement qu'on peut le mettre en concordance parfaite avec la situation matérielle de l'immeuble. Au surplus, si on autorisait l'inscription des plus values, il faudrait en faire autant pour les moins values. Mais comme il est à prévoir que les propriétaires négligeraient de faire mentionner les diminutions de valeur de leurs immeubles, les indications du titre ne concorderaient plus avec l'état réel de la propriété et seraient une cause d'erreur et de préjudice pour les prêteurs et les acquéreurs.

M. Maginot. — Je pense que les indications physiques portées sur le plan et le titre ont pour objet de déterminer l'identité plutôt que la valeur de l'immeuble. Aussi, tout ce qui est nécessaire à la détermination de cette identité doit-il être consigné sur le livre foncier. C'est ainsi qu'on ne peut se dispenser, à mon avis, d'indiquer si les immeubles sont bâtis ou non.

M. Mallet. — J'estime également que les registres fonciers ne sauraient indiquer autre chose que la situation juridique des immeubles. On ne peut prétendre en effet fournir aux intéressés des indications suffisamment précises pour les dispenser de se transporter sur place, lorsqu'ils voudront en faire l'évaluation. En fait, il n'est pas douteux que les prêteurs et les acquéreurs se rendront toujours sur les lieux pour examiner l'immeuble. La préoccupation de M. Tédeschi ne semble donc pas justifiée.

M. Luciani. — Dans ces conditions, je vous propose, Messieurs, de maintenir l'article 112 sans aucune addition. Toutefois, je vous demande de supprimer, comme nous l'avons fait à l'article 12, la partie du premier paragraphe qui concerne le service topographique, c'est-à-dire les mots "*par le service topographique qui rapporte cette opération sur une expédition du plan*". Il appartiendra au règlement d'administration publique de statuer sur ce point de détail.

Adopté.

Article 113. — *Lorsqu'un ou plusieurs titres nouveaux sont établis, remplaçant totalement un ou plusieurs titres anciens, ces derniers sont annulés ainsi que leurs copies par l'apposition d'une griffe d'annulation et du cachet de la conservation à toutes les pages. Ils sont conservés aux archives de la conservation.*

M. Maginot. — Je serais d'avis de réserver au règlement d'administration publique les dispositions contenues dans cet article. Il s'agit en effet de questions de détails qui rentrent incontestablement dans le domaine du décret.

La Commission se rallie à cette manière de voir.

M. Mallet. — Au moment de la discussion de l'article 45, nous avons décidé que la section deuxième du chapitre premier serait divisée en deux parties concernant l'une le titre de propriété et l'autre les effets de l'immatriculation. J'estime que les articles 111 et 112 que nous venons d'examiner devraient être rattachés à la première de ces sous-sections puisqu'ils concernent le titre de propriété.

M. Pouyanne. — Je suis partisan de les maintenir à la place qu'ils occupent dans le projet comme formant la contre partie de la procédure d'inscription. Cette procédure présente en effet deux phases : l'une a pour objet tout ce qui concerne la constitution juridique de l'immeuble et l'autre tout ce qui le détermine physiquement. A ce dernier titre, les articles 111 et 112 rentrent bien dans la procédure d'inscription.

M. Luciani. — Cette question pourra être examinée plus utilement lorsque tous les articles du projet auront été arrêtés. A ce moment, on adoptera le classement définitif qui devra leur être assigné. Je propose en conséquence de réserver la question soulevée par M. Mallet.

Adopté.

M. Luciani. — Nous abordons le titre IV qui traite du régime hypothécaire.

M. Mallet. — Avant d'ouvrir la discussisn des articles contenus dans ce titre, je voudrais faire une observation générale. A mon avis, nous n'avons pas à légiférer sur le régime hypothécaire, ce serait entreprendre la réfection du Code civil et se lancer dans des difficultés sans fin. Nous n'avons à examiner que les dérogations qui devront y être apportées en ce qui concerne les immeubles immatriculés.

M. Luciani. — Je suis de l'avis de M. Mallet. Nous sortirions de notre rôle en voulant organiser un nouveau régime hypothécaire. Nous n'avons à nous occuper de ce régime que dans ses relations avec les immeubles immatriculés.

M. Maginot. — Permettez-moi de vous rappeler les observations formulées à ce sujet par M. le Ministre de la Justice :

« *Il me semble qu'avant d'aborder la question des* « *hypothèques légales et judiciaires, il conviendrait,* « *comme l'avait fait la Commission d'études, de pré-* « *ciser l'effet à l'égard des tiers des hypothèques sur* « *les immeubles immatriculés, ainsi que le rang* « *qu'elles occupent entre elles.* »

Je crois que nous donnerions satisfaction à ces observations en prenant comme base de discussion les dispositions du projet de la première Commission relatives aux hypothèques.

M. Luciani. — Il sera tenu compte de ces observations dans la discussion qui va s'ouvrir. Je donne lecture de l'article 111 *bis* :

Article 111 *bis*. — *L'hypothèque est un droit réel sur les immeubles immatriculés affectés de préférence à l'acquittement d'une obligation.*

Elle est, de sa nature, indivisible et subsiste en entier sur tous les immeubles affectés, sur chacun et sur chaque portion de ces immeubles.

Elle les suit dans quelques mains qu'ils passent.

M. LUCIANI. — Je suis d'avis d'écarter cet article pour les raisons indiquées par M. Mallet.

Adopté.

Article 112 *bis*. — *L'hypothèque sur les immeubles immatriculés est soit conventionnelle, soit forcée.*

M. POUYANNE. — Dans le projet de la première Commission, il était prévu que l'hypothèque conventionnelle devait être constituée par acte authentique. N tre projet admet la constitution par acte sous seing privé. Il est à craindre que cette disposition ne favorise les fraudes, déjà si fréquentes aujourd'hui, dans l'établissement des actes constitutifs d'hypothèques. Aussi, en présence du rejet des mesures que j'avais proposées à l'article 90, en vue d'assurer l'identité des contractants, serais-je d'avis d'écarter l'acte sous seing privé, qui ne me paraît pas présenter des garanties suffisantes.

M. LUCIANI. — L'acte sous seing privé a été prévu dans le projet qui a été soumis à la Chambre. Aucune observation n'ayant été faite à ce sujet par le Ministre de la Justice, je ne crois pas qu'il y ait lieu de remettre en discussion la question de la forme dans laquelle les actes devront être établis. Je vous propose donc de maintenir sans modifications l'article 112 *bis*.

Adopté.

Article 113 *bis*. — *Les hypothèques légales et judiciaires, telles qu'elles résultent des articles 1017, 2121, 2123 du Code Civil et 490 du Code de Commerce, ainsi que les privilèges sur les immeubles, tels qu'ils résultent des articles 2101 et 2103 du Code Civil ne sont pas applicables aux immeubles immatriculés.*

Adopté sans observations.

Article 114. — *Toutefois, les frais de justice faits pour la réalisation de l'immeuble et la distribution du prix constituent des créances privilé-*

giées sur les immeubles qui ne sont, conformément à l'article 2107 du Code Civil et pour la conservation du droit de préférence, assujetties à aucune inscription. Leur recouvrement s'opère comme il est dit au titre VIII de la présente loi.

M. Tédeschi. — Je suis d'avis de supprimer la dernière phrase de l'article. Il me semble, en effet, inutile de prévoir le mode de recouvrement des frais de justice, puisqu'il s'opérera d'après le droit commun.

Adopté.

La Commission décide, en outre, de réunir en un seul article, comme dans le projet soumis à la Chambre, les dispositions contenues dans les articles 113 *bis* et 114.

Lecture est donnée de l'article 115 ci-après :

Article 115. — *Lorsqu'un immeuble immatriculé a été assuré contre l'incendie ou tout autre fléau, la somme due par l'assureur en cas de sinistre est affectée de plein droit au paiement des créanciers hypothécaires, sauf la facilité toujours réservée au propriétaire d'employer l'indemnité à la reconstruction de l'immeuble. Jusqu'à cette reconstruction, les fonds doivent rester déposés entre les mains d'un séquestre nommé à l'amiable ou judiciairement.*

Il en est de même de toute indemnité due à raison de la perte ou de la détérioration de l'immeuble.

Dans tous les cas, le propriétaire peut recevoir le paiement si la valeur de l'immeuble n'est pas sensiblement diminuée.

M. Mallet — Je ne suis pas partisan d'innover en cette matière. A mon avis, il vaut mieux s'en tenir au droit commun, toutes les fois que nous ne sommes pas obligés de nous en écarter. Je propose donc de rejeter cet article.

Adopté.

M. Luciani. — Nous abordons la section II relative aux hypothèques conventionnelles. L'article 116 est ainsi conçu :

Article 116. — *L'hypothèque conventionnelle est celle qui résulte de la convention des parties.*

Elle peut être constituée par acte notarié ou sous seing privé.

Les actes sous seing privé constitutifs d'hypothèques doivent satisfaire aux prescriptions indiquées aux articles 88 ou 90 ci-dessus.

Le premier et le dernier paragraphes sont supprimés comme inutiles. La Commission adopte le deuxième paragraphe après l'avoir ainsi modifié :

L'hypothèque conventionnelle peut être constituée par acte notarié ou sous seing privé.

Aticle 117. — *Les biens à venir ne peuvent être hypothéqués même à titre de garantie complémentaire d'une hypothèque sur les biens présents.*

M. Mallet. — Cette disposition peut se justifier ; mais je ne vois pas en quoi elle intéresse spécialement le régime de l'immatriculation. Je propose donc de l'écarter comme étant en dehors du cadre de notre projet.

Adopté.

Article 118. — *Lorsqu'une créance hypothécaire a été revêtue de la clause à ordre ou au porteur, il ne peut être opposé au concessionnaire que les exceptions reçues du droit commun contre les titres de cette nature.*

La Commission estimant qu'il s'agit de modifications du droit commun qui n'ont rien à voir avec le régime de l'immatriculation se prononce pour le rejet de cet article.

Elle supprime également le titre de la section, laquelle disparaît également.

La séance est levée à 11 h. 1/2.

Le Président,	*Le Secrétaire,*
LUCIANI.	**MARIS.**

11e SÉANCE

Séance du 4 janvier 1907 (soir)

La séance est ouverte à 2 heures 1/2 du soir.

Tous les membres sont présents à l'exception de M. Maginot excusé.

M. Luciani. — Nous arrivons à la section de l'hypothèque forcée.

Je vous donne lecture de l'article 119 qui est reproduit d'une partie de l'article 28 du projet soumis au Parlement,

Article 119.— *L'hypothèque forcée est celle qui est acquise en vertu d'une décision de justice rendue par la Chambre des immatriculations dans les cas suivants :*

1° aux mineurs et interdits européens sur les immeubles des tuteurs et de leurs cautions, aux personnes placées dans un établissement d'aliénés, sur les biens de leur administrateur provisoire ;

2° à la femme européenne sur les immeubles de son mari, pour sa dot, ses droits matrimoniaux, l'indemnité des obligations de son mari dont elle est tenue et le remploi du prix de ses biens aliénés ;

3° au vendeur, à l'échangiste ou aux co-partageants sur l'immeuble vendu, échangé ou partagé, quand il n'a pas été réservé d'hypothèques conventionnelles pour le paiement du prix ou de la soulte d'échange ou de partage.

En cas d'adjudication sur saisie immobilière, le jugement établit d'office l'hypothèque forcée au profit du débiteur saisi ou de ses ayants droit.

Le mari ou le tuteur pourra toujours être dispensé de l'hypothèque en constituant un gage immobilier ou

une caution lorsque cette substitution sera reconnue suffisante par une décision de la Chambre des immatriculations.

On désigne également sous le nom d'hypothèques forcées toutes celles qui sont inscrites sur le registre foncier au cours de la procédure d'immatriculation dans les conditions visées par les articles 13, 37 et suivants.

M. Pouyanne. — Cet article ne vise que les incapables européens parce que la loi musulmane ne prévoit pas d'hypothèque légale en faveur de cette catégorie de personnes.

M. Morand. — Il vaudrait mieux supprimer les mots *européens*, car, pour certains étrangers, l'hypothèque légale peut ne pas être reconnue par leur statut personnel. De cette façon, nous éviterons de les mettre en contradiction avec leur loi personnelle.

M. Luciani. — Je suis de cet avis. On laissera ainsi à la Chambre des immatriculations le soin de n'accorder l'hypothèque forcée que si le statut personnel des incapables prévus à l'article 119 comporte l'hypothèque légale.

Adopté.

M. Pouyanne. — Le paragraphe final vise les hypothèques antérieures à l'immatriculation.

M. Mallet. — Cette addition me semble utile et je propose de la maintenir.

L'ensemble de l'article 119 est adopté sous réserve de la modification ci-dessus indiquée et de la suppression dans le premier paragraphe des mots « *justice rendue par...* »

Article 120. — *A l'ouverture de toute tutelle, soit pour cause de minorité, soit pour cause d'interdiction, le conseil de famille désigne, contradictoirement avec le tuteur, ceux des immeubles de ce dernier qui seront grevés d'hypothèques, et fixe la somme pour laquelle l'inscription sera prise.*

M. Luciani. — Ces dispositions donnent satisfaction aux observations de M. le Ministre de la Justice dont je vais vous donner lecture : « *En ce qui concerne le « mineur, il me paraîtrait nécessaire de prévoir qu'à « l'ouverture de la tutelle, le conseil de famille exa- « minera si une hypothèque doit être inscrite sur les « immeubles immatriculés du tuteur et quelle « somme elle garantira.* » Dans ces conditions, je vous propose d'adopter sans modifications l'article 120, étant bien entendu qu'il ne s'applique qu'aux immeubles immatriculés du tuteur.

Adopté.

Article 121. — *Le conseil de famille peut dispenser le tuteur de toute hypothèque, par délibération motivée, si celui-ci présente un gage mobilier ou une caution reconnue suffisante Il en est de même, si le conseil de famille reconnaît que l'hypothèque légale existant sur les immeubles non immatriculés que peut posséder le tuteur est suffisante pour sauvegarder les intérêts du mineur.*

M. Luciani. — Ce texte écarte l'intervention de la Chambre des immatriculations qui était prévue par l'article 28 *in fine* du projet soumis à la Chambre. A mon avis, il serait préférable de la maintenir. Je propose donc de supprimer l'article 121, sauf à compléter par l'addition suivante l'avant-dernier paragraphe de l'article 119 qui prévoit le cas où le tuteur pourra être dispensé de l'hypothèque par décision de la Chambre des Immatriculations : « *ou en justifiant « que ses immeubles non immatriculés soumis à l'hy- « pothèque légale constituent une garantie suffisante.* »

Adopté.

Article 122. — *Lorsqu'il résulte des circonstances qu'il n'y a aucun danger à courir pour les biens des mineurs, le conseil de famille peut, par délibération motivée, ordonner qu'il soit sursis à l'inscription jusqu'à ce qu'il en ait été autrement décidé par délibération nouvelle.*

M. Pouyanne. — Ces dispositions ont pour objet

d'empêcher de grever inutilement les biens du tuteur, ce qui aurait pour effet de diminuer son crédit sans nécessité.

M. Tédeschi. — Je suis d'avis de supprimer cet article qui serait une cause de danger pour les biens du mineur. Il pourrait arriver, en effet, que lorsque le conseil de famille aurait reconnu la nécessité d'opérer l'inscription d'une hypothèque sur les biens du tuteur, il soit trop tard pour le faire utilement.

La Commission se rallie à cette manière voir.

Article 123. — *Si, dans le cours de la tutelle, les garanties données par le tuteur se trouvent modifiées ou deviennent insuffisantes, le conseil de famille peut en exiger de nouvelles. Si elles sont devenues excessives, il peut les diminuer.*

Adopté sans observations.

Article 124. — *Le Conservateur inscrit l'hypothèque, telle qu'elle résulte de la décision du conseil de famille, si cette décision est prise d'accord avec le tuteur. Si le tuteur n'acquiesce pas à la décision du conseil de famille, celle-ci est aussitôt transmise par les soins du greffier de la justice de paix à la Chambre des immatriculations qui peut soit homologuer, soit modifier les dispositions arrêtées par le conseil de famille. L'hypothèque résulte alors de la décision prise par la Chambre des immatriculations. Celle-ci peut également, s'il y a lieu, dispenser de l'hypothèque le tuteur qui se trouverait dans les conditions prévues à l'article 121 ci-dessus et dont les propositions n'auraient pas été agréées par le conseil de famille.*

Les décisions rendues par le conseil de famille, dans les cas visés à l'article 122 ci-dessus, sont, en cas de non acquiescement du tuteur, soumises à l'homologation de la chambre des immatriculations qui peut s'il y a lieu, les modifier.

M. Luciani. — Afin de prévenir toute possibilité d'entente entre le conseil de famille et le tuteur au détriment du mineur, je propose de remplacer ces dispositions par celles de l'article 51 du projet de la première commission dont on supprimerait les mots "*à défaut de consentement du tuteur*". On donnerait ainsi satisfaction aux observations formulées par le Ministre de la Justice au sujet de l'insuffisance des garanties que le projet soumis à la Chambre assurait aux droits des mineurs.

Adopté.

En conséquence de cette décision, l'article 124 est rédigé de la manière suivante :

Article 124. — *Dans tous les cas, la délibération du Conseil de famille est soumise à l'homologation de la Chambre des immatriculations et le droit à l'hypothèque résulte du jugement de ce tribunal.*

Article 125. — *Le jugement qui nomme un administrateur aux biens d'une personne placée dans un établissement d'aliénés peut ordonner qu'il sera pris inscription d'hypothèque sur tel de ses immeubles immatriculés jusqu'à concurrence d'une somme déterminée. Il en est de même pour les tuteurs intitués en vertu des lois relatives à la déchéance de la puissance paternelle.*

Après échange d'observations, la Commission se prononce pour la suppression de cet article qui lui paraît inutile en présence des dispositions contenues dans l'article 119. 1°. Elle complète toutefois ce dernier article par les mots "*et s'il y a lieu*" et par la phrase "*et aux mineurs pourvus d'un tuteur en vertu des lois relatives à la déchéance de la puissance paternelle sur les immeubles de leurs tuteurs*" De sorte que la rédaction du premier alinéa de l'article 119 est modifiée de la manière suivante :

« *1° Aux mineurs et interdits sur les immeubles des*
« *tuteurs et de leurs cautions et, s'il y a lieu, aux*
« *personnes placées dans un établissement d'aliénés,*
« *sur les biens de leur administrateur provisoire, et*
« *aux mineurs pourvus d'un tuteur, en vertu des lois*
« *relatives à la déchéance de la puissance paternelle,*
« *sur les immeubles de leur tuteur.* »

Article 26. — *Les mineurs et interdits non citoyens français ont droit à l'hypothèque forcée sur les biens immatriculés de leurs tuteurs situés en Algérie lorsque leur loi personnelle leur donne droit à une hypothèque légale.*

Après avoir entendu la lecture du commentaire de cet article par M. Challamel, la commission se prononce pour son adoption. Sur la prosition de M. Luciani, elle en modifie toutefois la rédaction de la manière suivante :

Article 26. — *Les mineurs et interdits n'ont doit à l'hypothèque forcée sur les biens immatriculés de leurs tuteurs situés en Algérie que si leur loi personnelle leur donne droit à une hypothèque légale.*

Article 127. — *Le contrat de mariage peut contenir stipulation d'hypothèque pour sûreté des droits et créances de la femme. Il détermine en ce cas les immeubles du mari qui sont grevés d'hypothèques, l'objet auquel s'applique la garantie, et la somme pour laquelle l'inscription peut être prise.*

M. Mallet. — Je serais d'avis de supprimer cet article comme inutile. Ses dispositions me paraissent en effet rentrer dans le droit commun. Le cas auquel il s'applique n'est d'ailleurs pas celui de l'hypothèque forcée puisqu'il s'agit d'une stipulation contenue dans le contrat de mariage ; on se trouverait plutôt en présence d'une hypothèque conventionnelle.

M. Luciani. — Comme à M. Mallet, il ne me paraît pas utile de prévoir ce cas puisque, d'après le nouveau régime, tout droit doit être inscrit pour être opposable aux tiers. Il faut laisser aux intéressés le soin de faire inscrire l'hypothèque sur l'immeuble immatriculé et cela n'a pas besoin d'être dit.

A la suite de ces observations la commission écarte l'article 127.

L'article 128 est adopté sous réserve de légères modifications de forme. Il est complété par la première phrase de l'article 129 dont le surplus est écarté. Sa rédaction est arrêtée de la manière suivante :

Article 129. — *S'il n'a pas été stipulé d'hypothèque dans le contrat de mariage ou en cas d'insuffisance des garanties déterminées par le contrat, la femme peut, dans le cours du mariage et en vertu d'un jugement de la Chambre des immatriculations, à défaut du consentement du mari, pour toutes les causes de recours qu'elle peut avoir contre lui à raison soit des obligations par elle souscrites, soit d'aliénation de ses biens propres, ou de donations ou de successions auxquelles elle est appelée, requérir inscription d'une hypothèque forcée sur les biens de son mari. Le jugement, dans ce cas, détermine la somme pour laquelle l'inscription se fera. Lorsque les garanties données sont devenues excessives le mari peut en demander la diminution à la Chambre des immatriculations.*

La Commission maintient l'article 130. Elle en modifie toutefois la rédaction de la manière suivante :

Article 130. — *La détermination et l'inscription de l'hypothèque de la femme pourront être requises à toute époque par ses héritiers ou par ses parents, alliés et créanciers.*

Lecture est donnée de l'article 131 ci-après :

Article 131. — *La femme non française jouit du bénéfice de l'hypothèque forcée lorsqu'un semblable droit lui est reconnu par sa loi personnelle ou lorsqu'il résulte des circonstances que les époux ont entendu se marier sous le régime de la loi française.*

M. Morand. — Je serais d'avis de supprimer la fin de cet article à partir des mots : « *ou lorsqu'il résulte des circonstances...,* » attendu que l'hypothèque légale est conférée par la loi et ne saurait dépendre de la volonté des parties. Je propose, d'autre part, de substituer au surplus de l'article la formule suivante qui est plus compréhensive et qui me paraît pouvoir s'appliquer dans tous les cas.

Article 131. — *La femme ne peut réclamer l'inscription de l'hypothèque forcée que si une hypothèque lui est reconnue par sa loi personnelle.*

Adopté.

La séance est levée à 6 heures du soir.

Le Président,
LUCIANI.

Le Secrétaire,
MARIS.

12e SÉANCE

Séance du 5 janvier 1907 (matin)

La séance est ouverte à 9 heures du matin.

Tous les membres de la Commission sont présents.

M. Luciani. — Je donne lecture de l'article 132 auquel nous nous étions arrêtés dans notre dernière séance.

Article 132. — *Le vendeur d'un immeuble peut, dans le contrat de vente, stipuler de son acheteur une hypothèque conventionnelle sur l'immeuble vendu pour garantie du paiement total ou partiel du prix.*

Le droit de résolution pour défaut de paiement total ou partiel du prix n'appartient au vendeur que s'il l'a réservé expressément lors du contrat. Ce droit ne peut être exercé au préjudice des tiers que s'il a été rendu public par une inscription, et sous réserve de l'application du § 3 de l'article 71 ci-dessus.

M. Luciani. — Ne vous semble-t-il pas, Messieurs, que le premier alinéa de cet article fait double emploi avec l'article 119, 3°, et qu'il y a lieu de le supprimer ?

La Commission se prononce dans ce sens.

M. Mallet. — Sous le régime actuel, les droits de résolution prévus par le droit commun peuvent être exercés sans qu'ils soient mentionnés dans un acte. Dans le système proposé par M. Pouyanne, ces droits ne seront opposables aux tiers qu'à la condition d'avoir fait l'objet d'une inscription. Spécialement, d'après le 2e paragraphe de l'article 132, le droit de résolution du vendeur ne pourrait être exercé que s'il était mentionné dans le contrat et qu'après avoir été rendu public par une inscription. Une pareille disposition me semble excessive.

Je serais d'avis de faire une distinction entre les causes de résolution qui sont prévues par la loi et celles qui résultent des contrats. Les premières seraient applicables aux tiers sans inscription, tandis que les secondes ne pourraient l'être qu'autant qu'elles auraient été inscrites.

Mais il me paraît absolument nécessaire que cette distinction soit spécifiée dans la loi. Je propose donc d'insérer à la place des articles 71 à 79, que nous avons supprimés et qui étaient relatifs à la publicité des causes d'éviction, une disposition générale indiquant nettement quelles sont les causes d'éviction qui devront faire l'objet d'inscription et celles qui en seront dispensées. Cette disposition permettrait de supprimer le deuxième paragraphe de l'article 132.

M. Pouyanne. — Le système Torrens proscrit, en principe, tous les droits occultes. Par suite, aucun droit de résolution ne saurait s'exercer à l'égard des tiers s'il n'a été inscrit sur le livre foncier.

Mais ces causes de résolution sont de nature bien différentes ; les règles qui conviennent aux unes ne peuvent s'adapter aux autres et notamment la publicité ne peut en être assurée pour toutes dans les mêmes conditions.

C'est ce qui a conduit M. Massigli à prévoir une à une toutes les causes d'éviction afin de mettre les tiers à l'abri de leurs effets. La Commission n'a pas cru devoir admettre cette solution. Elle a préféré s'en rapporter au droit commun. Mais je crains qu'il n'en résulte de graves inconvénients, car si un droit de résolution peut être exercé sans avoir été inscrit, les titulaires de droits inscrits sur les registres fonciers ne seront jamais en sécurité. Nous irons ainsi à l'encontre du but du système Torrens, qui est d'assurer la sécurité absolue des personnes qui ont traité sur la foi du registre, d'éviter les procès et de simplifier la procédure, de manière à permettre aux intéressés de se passer de l'intervention des hommes d'affaires. Je serais donc d'avis de rétablir les dispositions relatives à la publicité des causes d'éviction telles qu'elles étaient organisées par les articles 71 à 79 du projet. Subsidiairement, et dans le cas où vous n'adopteriez pas cette proposition, je vous demanderais d'insérer une disposition analogue à celle de l'article 26 de la proposition de loi déposée en 1893 sur le bureau du Sénat par M. Franck-Chauveau sur le régime des livres fonciers. Cet article est ainsi conçu :

Article 26. — *Les causes de résolution résultant de l'acte ou du contrat inscrites au livre foncier, les causes de nullité ou de résolution fondées sur le droit commun, telles que l'ingratitude du donataire, le dol ou la fraude, pourront être opposées même aux tiers acquéreurs du droit réel, mais seulement après discussion préalable des biens de ceux qui ont conféré ce droit réel.*

M. Tédeschi. — Comme M. Pouyanne, j'estime que, pour la clarté et la sûreté du régime de l'immatriculation, il est indispensable d'exiger l'inscription de toutes les causes d'éviction. Ces causes ne sont d'ailleurs pas aussi nombreuses qu'elles le paraissent au premier abord et il n'y aurait pas à craindre qu'elles puissent jeter la confusion dans les énonciations du registre foncier. Je demande donc qu'elles soient soumises à la publicité sans distinguer si elles résultent du droit commun ou si elles sont prévues par les contrats.

M. Maginot. — J'estime qu'il n'est pas nécessaire d'inscrire les causes de résolution qui découlent de la loi parce que nul n'est censé les ignorer. Quant à celles qui dérivent des contrats, elles se trouveront inscrites d'office par le Conservateur en même temps que les conventions dont elles font partie. Dans ces conditions, je ne vois pas l'utilité d'insérer une disposition spéciale à ce sujet dans notre projet.

M. MORAND. — Pour donner satisfaction aux préoccupations exprimées par M. Mallet, je proposerais d'insérer à la place de l'article 71 une disposition générale ainsi conçue :

Article 71. — *Aucune cause de nullité, de rescision ou de résolution d'un contrat qui a été soumis à l'inscription n'est révocable à l'égard des tiers, à moins qu'elle n'ait fait l'objet d'une inscription spéciale, ou qu'elle ne découle des clauses ou termes mêmes du contrat.*

Adopté.

Ce nouvel article rend inutile le § 2 de l'article 132 qui est supprimé.

M. TÉDESCHI. — Au cours des travaux de la première commission, j'avais demandé que le bénéficiaire d'une condamnation prononcée pour délit ou quasi délit puisse obtenir l'inscription d'une hypothèque sur les biens du condamné. En raison de l'importance que cette question présente à mes yeux, je crois devoir renouveler ma proposition. Il y a lieu de remarquer, en effet, que la victime d'un délit ou d'un quasi délit n'a pas la faculté de recourir à l'hypothèque conventionnelle et que si on ne fait pas une exception en sa faveur, elle pourra arriver trop tard lors de la distribution des biens de la personne qui a subi la condamnation. Une disposition dans ce sens a d'ailleurs été prévue par le Code espagnol en vue de prévenir le danger que je viens de signaler.

M. LUCIANI. — La proposition de M. Tédeschi tend à faire renaître l'hypothèque judiciaire qui a été rejetée par la première commission et par les Délégations financières. Aucune disposition de ce genre n'existe d'ailleurs dans la loi tunisienne. Dans ces conditions, je serais d'avis de l'écarter à nouveau.

La Commission se rallie à cette manière de voir.

Article 133. — *A défaut de stipulation d'hypothèque, le vendeur peut obtenir une hypothèque forcée par décision de la Chambre des immatriculations.*

Cette décision peut également l'autoriser à conserver son action en résolution en cas de nouvelle transmission par l'acheteur avant le paiement total ou partiel du prix. Cette hypothèque et l'action en résolution ne pourront être exercés au préjudice des tiers qu'à dater de leur inscription.

La Commission se prononce pour la suppression de cet article dont les dispositions sont implicitement contenues dans le paragraphe 3 de l'article 119.

Article 134. — *L'hypothèque sur les immeubles immatriculés n'existe à l'égard des tiers et n'a rang entre les créanciers que du jour de l'inscription, dans la forme et de la manière prescrite par la présente loi. Les inscriptions ont la même durée que l'hypothèque et ne sont pas sujettes à renouvellement : elles conservent leur effet jusqu'à la radiation; elles s'opèrent de la manière indiquée aux articles 80 et suivants.*

M. MALLET. — Je serais d'avis de supprimer la fin de l'article à partir des mots : « *Les inscriptions ont la même durée.....* » Ces dispositions étant en effet empruntées au droit commun n'ont pas à être insérées dans la loi qui ne doit intervenir que sur les points qui dérogent au Code civil.

Adopté.

Article 135. — *L'inscription des hypothèques ne peut avoir lieu que pour une somme déterminée et sur des immeubles déterminés.*

Si la créance est indéterminée, le chiffre en est évalué par celui qui requiert l'inscription, sauf le droit qui appartient au débiteur d'en obtenir la réduction et de réclamer des dommages intérêts, s'il y a lieu, devant la Chambre des immatriculations.

M. TÉDESCHI. — Je crois devoir faire remarquer que cet article a pour conséquence de supprimer, au regard des immeubles immatriculés, l'hypothèque des syndics en matière de faillite. Cette hypothèque étant indéterminée quant au chiffre de la créance et quant aux créanciers qui doivent en bénéficier, ne saurait d'ailleurs se concilier avec le régime de l'immatriculation qui n'admet l'hypothèque qu'à la condition d'être spécialisée. Je suis donc d'avis de maintenir l'article 135 sans modification.

La Commission se rallie à cette manière de voir.

Article 136. — *Toute personne requérant une inscription d'hypothèque doit, en remettant au conservateur l'acte constitutif d'hypothèque authentique ou sous seing privé, y ajouter une déclaration portant indication du domicile élu par le créancier dans l'arrondissement.*

Il est loisible au créancier, ainsi qu'à ses représentants ou cessionnaires ou subrogés inscrits, de changer au registre foncier le domicile élu et d'en indiquer un autre dans l'arrondissement.

M. Tédeschi. — La première partie de cet article étant empruntée au droit commun, me paraît inutile. Je propose de la supprimer.

Adopté.

M. Luciani. — Le second alinéa semblerait mieux à sa place dans le règlement d'administration publique. Il s'agit, en effet, de questions de détails qui n'ont pas à être insérées dans la loi.

La Commission se range à cette opinion. En conséquence, l'article 136 est supprimé.

Article 137. — *L'acceptation bénéficiaire ou la vacance de la succession du débiteur ne font pas obstacle à l'inscription des hypothèques valablement acquises antérieurement. Les hypothèques valablement acquises sur le débiteur failli peuvent être utilement inscrites jusqu'à l'insertion de la mention du jugement déclaratif de faillite sur le registre foncier.*

La première partie est adoptée sans observations.

Après avoir entendu la lecture du commentaire de M. Challamel sur cet article, la Commission se prononce également pour le maintien de la seconde partie dont elle modifie toutefois la rédaction de la manière suivante :

Les hypothèques valablement acquises sur le débiteur failli peuvent être utilement inscrites jusqu'à ce qu'il ait été fait mention du jugement déclaratif de faillite sur le registre foncier. L'inscription qui n'a pas été prise dans les 30 jours de l'acquisition du droit est inopérante à l'égard de la masse des créanciers de la succession.

La séance est levée à 11 heures et demie.

Le Président,	*Le Secrétaire,*
LUCIANI.	MARIS.

13e SÉANCE

Séance du 5 janvier 1907 (soir)

La séance est ouverte à 2 heures 1/2 du soir.

Tous les membres sont présents.

Lecture est donnée de l'article 138 ci-après :

Article 138. — *L'inscription de l'hypothèque du mineur ou de l'interdit sera prise dans le mois de la délibération du conseil de famille ou de la décision de la Chambre des immatriculations, à la diligence du greffier de la Justice de paix ou du greffier de la Chambre des immatriculations, sous peine d'une amende de 60 francs qui sera recouvrée comme en matière d'enregistrement.*

Pour donner satisfaction aux observations du Ministre de la Justice, la commission se prononce pour le maintien de cet article dans la loi. Elle supprime toutefois les membres de phrase « *de la délibération du Conseil de famille ou...* » « *du greffier de la justice de paix ou....* ». Elle estime, en effet, qu'il est inutile de faire intervenir le greffier de la justice de paix étant données les nombreuses personnes qui, aux termes de l'article 119, pourront requérir l'inscription de l'hypothèque du mineur et de l'interdit.

Sur la proposition de M. Maginot, elle décide en outre de réunir les deux articles 138 et 139 en un seul texte qui est ainsi rédigé.

L'inscription de l'hypothèque du mineur et de l'interdit sera prise dans le mois de la décision de la Chambre des immatriculations à la diligence du greffier sous peine d'une amende de 50 francs qui sera recouvrée comme en matière d'enregistrement.

L'inscription pourra être également requise par le tuteur, subrogé tuteur, par les parents, alliés, amis ou créanciers des mineurs ou de l'interdit, par les incapables eux-mêmes et par le Procureur de la République.

Lecture est donnée de l'article 140.

Article 140. — *L'inscription de l'hypthèque de la femme sera prise à la diligence du notaire rédacteur du contrat de mariage, dans le délai d'un mois à partir de la célébration du mariage, sous peine d'une amende de 50 francs qui sera recouvrée comme en matière d'enregistrement.*

M. Mallet. — Je trouve que cet article manque de précision. S'agit-il d'une hypothèque forcée ou d'une hypothèque conventionnelle ? Si c'est de cette dernière que l'on veut parler, je serais d'avis de modifier la rédaction de la manière suivante :

« *Quand le contrat de mariage stipule une hypo-*
« *thèque au profit de la femme, l'inscription est prise*
« *à la diligence....* »

Mais alors on ne ferait que répéter l'article 101 qui impose aux notaires l'obligation de requérir l'inscription des droits résultant des actes reçus par eux relativement aux immeubles immatriculés. Dans ces conditions, je proposerai de suprimer l'article 140.

Adopté.

La Commission décide de rétablir l'amende qui était prévue à l'article 101 et dont elle avait voté la suppression dans sa séance du 3 janvier. Toutefois, elle en abaisse le taux à cinquante francs.

Article 141. — *La détermination de l'hypothèque légale de la femme et son inscription pourront être requises à toute époque par la femme, par ses héritiers ou par ses parents alliés ou créanciers.*

Sur la proposition de MM. Mallet et Morand, la rédaction de cet article est modifiée de la manière suivante :

La détermination et l'inscription de l'hypothèque forcée de la femme pourront être requises à toute époque durant le mariage et pendant un an à partir de sa dissolution, par la femme ou ses ayants cause, dans les fo mes prévues par l'article 78.

Article 142. — *Les inscriptions sont rayées soit en vertu du consentement du créancier consenti dans les formes indiquées aux articles 88 et 90, soit en vertu d'un jugement rendu en dernier ressort ou passé en force de chose jugée.*

M. Mallet. — L'expression *en force de chose jugée* est suffisamment compréhensive. Il me paraît dès lors inutile de maintenir les mots "*rendu en dernier ressort*".

La Commission modifie dans ce sens l'article 142.

Article 143. — *En matière d'ordre, la radiation est opérée par le Conservateur de la manière indiquée au titre VIII de la présente loi, articles 263, 264 et 266.*

M. Tédeschi. — Je serais d'avis d'autoriser la consignation du prix de l'immeuble. Sur le vu du récépissé de dépôt, le Conservateur radierait immédiatement toutes les inscriptions pour les reporter sur la somme consignée.

M. Luciani. — L'examen de cette question me paraît devoir être renvoyé au titre VIII, qui détermine les conditions dans lesquelles seront opérées les radiations en matière d'ordre. Etant donné, d'autre part, que l'article 143 ne constitue qu'un simple renvoi aux dispositions contenues dans ce titre, je serais d'avis de le réserver pour le règlement d'administration publique.

La Commission se prononce néanmoins pour le maintien de cet article dans le projet de loi.

Article 144. — *L'inscription rayée soit par l'effet*

d'une erreur, soit en vertu d'un acte ultérieurement annulé ou d'un jugement rétracté ou cassé, ne revit pas de plein droit et doit être opérée à nouveau.

L'inscription rétablie ne produit d'effet qu'à la date de son rétablissement au regard des tiers qui ont acquis des droits de bonne foi et qui leur ont donné publicité depuis la radiation.

Elle a la même force que l'inscription primitive à l'encontre des ayants droit inscrits avant la radiation, à moins qu'il n'en doive résulter un préjudice par suite de faits accomplis ou acceptés par eux de bonne foi en conséquence de cette radiation.

M. MALLET. — Je remarque que cet article reproduit textuellement l'article 140 dont la Commission a voté la suppression. Il me paraît donc devoir disparaître.

La Commission se rallie à cette manière de voir.

Article 145. — *L'inscription des hypothèques conserve au regard des tiers le droit de suite et le droit de préférence qui appartiennent au créancier. Elle ne couvre pas les irrégularités de l'acte ou les vices de la créance.*

M. MORAND. — Les dispositions contenues dans cet article ne sont que l'application du droit commun. Pour ce motif, je propose de les écarter.

Adopté.

Article 146. — *Entre plusieurs créanciers hypothécaires, l'ordre de préférence est réglé par la date des inscriptions.*

M. MALLET. — Cet article fait double emploi avec le § 1er de l'article 60. Il doit donc être supprimé.

Adopté.

Article 147. — *Les créanciers inscrits le même jour exercent en concurrence une hypothèque de la même date sans distinction entre l'hypothèque du matin et celle du soir, quand même cette différence serait marquée par le conservateur.*

M. Morand. — Je ferai remarquer que les dispositions de cet article sont en contradiction avec celles du 2e alinéa de l'article 60.

M. Mallet. — Le cas d'hypothèques concurrentes ne me paraît guère pouvoir se produire dans la pratique.

M. Tédeschi. — Cela n'est pas impossible. C'est pourquoi je serais d'avis de prévoir une exception à l'article 60 en faveur des hypothèques concurrentes. Cet article pourrait, en conséquence, être complété de la manière suivante :

Article 60. — *Les inscriptions prises à la même date viennent suivant le rang qu'elles occupent au registre foncier, à moins qu'il ne soit mentionné expressément qu'elles doivent venir au même rang, sauf l'exception prévue à l'article 147.*

La Commission adopte cette proposition et se prononce en outre pour le maintien de l'article 147.

Elle écarte les articles 148, 149, 150, 151 et 152 ci-après comme ne contenant que des dispositions empruntées au droit commun :

Article 148. — *L'hypothèque consentie pour sûreté d'une ouverture de crédit prend rang à la date de son inscription sans égard aux époques de l'exécution des engagements pris par le créditeur, laquelle pourra être établie par tous moyens légaux.*

Article 149. — *Lorsque la créance est inscrite comme produisant des intérêts ou des arrérages, le créancier a le droit d'être colloqué pour ces intérêts ou arrérages, mais seulement pour les deux dernières années échues, au même rang que le capital, sans préjudice des inscriptions particulières à prendre, avec effet de leur date pour les intérêts ou arrérages plus anciens.*

Article 150. — *Les créanciers ayant inscription d'hypothèque sur un immeuble le suivent en quelques mains qu'il passe, pour être colloqués et payés selon l'ordre de leurs créances et inscriptions. Le tiers détenteur est tenu, sur le dit immeuble, de toutes les dettes inscrites et jouit des termes et délais accordés au débiteur originaire.*

Article 151. — *Faute par ce dernier, sur le commandement qui lui en est fait, de payer dans le délai imparti les intérêts et capitaux exigibles, tout créancier inscrit peut faire sommation au tiers détenteur d'acquitter la dette dans les 30 jours, et ce dernier délai passé, faire opérer la saisie de l'immeuble. Les commandement, sommation et saisie sont faits de la manière indiquée au titre VIII ci-après.*

Article 152. — *Le tiers détenteur a la faculté de purger la propriété des créances inscrites en accomplissant les formalités et en se conformant aux conditions prévues au titre VIII ci-après.*

Cette faculté n'appartient pas à celui qui est personnellement obligé de la dette.

La Commission aborde l'examen de la section VI relative à la transmission des droits d'hypothèque.

Lecture est donnée de l'article 153 ci-après :

Article 153. — *La cession d'une créance hypothécaire, de même que la subrogation à un semblable droit, doit être mentionnée sur le registre foncier, sauf ce qui est dit à l'article 157 ci-après.*

Cette mention est faite sur la production d'un acte authentique ou sous-seing privé conforme aux prescriptions de l'article 90. Elle comporte, au profit du cessionnaire ou subrogé, le droit de donner mainlevée de l'inscription.

A défaut de mention, les radiations opérées en vertu de mainlevées par le créancier sont opposables au cessionnaire ou subrogé.

M. Luciani. — Il me paraît inutile de maintenir

cet article dont les prescriptions sont implicitement contenues dans l'article 58 qui prévoit l'inscription de toutes les modifications des droits réels.

La Commission se prononce pour la suppression de l'article 153.

Article 154. — *Dans le cas où la femme mariée peut céder son hypothèque légale ou y renoncer au profit d'un tiers, cette cession ou renonciation doit être faite par acte authentique ou par acte sous seing privé, conforme aux prescriptions de l'article 90.*

Les cessionnaires n'en sont saisis à l'égard des tiers que par la mention de cet acte sur le registre foncier.

M. Maginot. — J'estime qu'il serait dangereux de permettre à la femme mariée de céder son hypothèque par acte sous seing privé. Actuellement, elle ne peut le faire que par acte authentique. Il serait bon de maintenir cette disposition qui l'oblige à prendre conseil d'un officier ministériel. En l'adoptant, nous donnerons d'ailleurs satisfaction aux observations du Ministre de la Justice visant la nécessité d'augmenter les garanties assurées aux incapables.

La Commission se ralliant à cette manière de voir, supprime les mots *ou sous seing privé.*

Sur la proposition de M. Morand, elle modifie la rédaction du 1er paragraphe de la manière suivante :

Dans le cas où la femme mariée peut céder son hypothèque ou y renoncer au profit d'un tiers, cette cession ou renonciation doit être faite par acte authentique.

La Commission supprime le 2e paragraphe.

Elle écarte également l'article 155 ci-après comme inutile en présence des dispositions de l'article 58.

Article 155. — *Les mêmes règles sont applicables à*

tout acte par lequel un créancier hypothécaire ou privilégié consent une cession d'antériorité, ou dispose autrement de son droit d'hypothèque ou de privilège sans disposer de sa créance.

Lecture est donnée de l'article 156.

Article 156. — *Les porteurs des effets créés ou négociés en vertu d'une ouverture de crédit bénéficient de l'hypothèque jusqu'à concurrence du solde final du compte.*

Le créditeur, nonobstant la négociation des effets, conserve à l'égard des tiers le droit de disposer de l'inscription et d'en donner mainlevée. Toutefois, le porteur des effets peut, au moyen d'une notification faite au conservateur par lettre recommandée, empêcher l'effet des actes de mainlevée ou autres qui porteraient atteinte à ses droits.

Cette notification doit contenir élection de domicile dans l'arrondissement.

M. Pouyanne. — Cet article a pour objet de consacrer des solutions admises par la jurisprudence. Il m'a paru utile de l'insérer dans le projet afin qu'aucun doute ne puisse se produire quant aux droits que cette jurisprudence reconnaît au créditeur aussi bien qu'au porteur d'effets.

M. Maginot. — La notification que, d'après cet article, le porteur d'effets doit faire au Conservateur pour sauvegarder ses droits n'est pas autre chose que l'inscription prévue à l'article 58. Elle tombe ainsi sous l'application des dispositions générales de ce dernier article. Dans ces conditions, je ne vois pas le nécessité de maintenir l'article 156.

La Commission se rallie à cette manière de voir. Elle écarte également l'article 157 ci-après comme inutile.

Article 157. — *La transmission des créances hypothécaires revêtues de la clause à ordre ou au porteur s'opère indépendamment de toute mention sur le registre foncier.*

Lecture est donnée de l'article 158 :

Article 158. — *Il est loisible néanmoins à tout porteur d'en faire la notification au Conservateur avec ou sans nouvelle élection de domicile. A compter de l'inscription de cette notification, aucune procédure intéressant l'immeuble ne peut être suivie sans que le cessionnaire déclaré y soit appelé.*

M. Luciani. — Cet article doit également disparaître comme rentrant dans le cas général prévu par l'article 58.

M. Tédeschi. — Il me paraît cependant indispensable que tout porteur d'une créance hypothécaire puisse faire inscrire son droit sur le livre foncier, sinon il risquera de ne pas être colloqué et de perdre sa créance.

M. Luciani. — Il me semble que cette faculté lui est ouverte par l'article 58 et qu'il est dès lors inutile d'en faire l'objet d'une disposition spéciale.

La Commission, en adoptant la manière de voir de M. Luciani, se prononce pour la suppression de l'article 158.

Elle écarte également l'article 159 ci-après, dont les dispositions s'imposent de plein droit, comme résultant soit des principes généraux contenus dans le projet, soit de l'application du droit commun.

Article 159. — *Les hypothèques s'éteignent :*

1° Par la renonciation du créancier,

2° Par l'extinction de l'obligation principale,

3° Par l'effet de la purge,

4° Par la perte totale de la chose grevée ou par expropriation pour cause d'utilité publique, sauf les droits du créancier sur les indemnités qui peuvent être dues aux termes de l'article... ci-dessus ou des lois relatives à l'expropriation,

5° Par la réduction prononcée par la Chambre des immatriculations dans les cas prévus par les articles 123, 124 et 129.

6° *Par la déchéance résultant du défaut de production dans les délais fixés par la présente loi au titre VIII en matière de procédure d'ordre.*

La séance est levée à 6 heures.

Le Président, *Le Secrétaire,*
LUCIANI. MARIS.

14e SÉANCE

Séance du 7 janvier 1907 (soir)

La séance est ouverte à 2 h. 1/2 du soir.

Tous les membres sont présents.

Lecture est donnée de l'article 160 qui est ainsi conçu :

Article 160. — *Tout créancier hypothécaire dont la créance est dès à présent déterminée et n'est affectée d'aucune condition peut, avec le consentement du débiteur et du propriétaire de l'immeuble, requérir du conservateur de la propriété foncière la délivrance de bons ou cédules hypothécaires, transmissibles par voie d'endossement nominatif et à ordre, jusqu'à concurrence du montant de sa créance en principal. Selon la volonté des parties, ces bons sont établis concurremment, ou suivant un ordre déterminé de priorité.*

M. Luciani. — Je rapelle que les bons hypothécaires étaient prévus par l'article 29 du texte soumis à la Chambre et que la 1re Commission leur avait consacré les articles 71, 72 et 73 de son projet. M. Pouyanne a complété les dispositions contenues dans ce dernier projet par des additions empruntées au texte préparé par M. Challamel. Mais je constate qu'il a modifié la rédaction adoptée par les commissions précédentes. C'est ainsi que dans l'article 160, l'expression « *Tout créancier inscrit pourra, avec le consentement du propriétaire...* » a été remplacé par la suivante. « *Tout créancier hypothécaire dont la créance est dès à présent déterminée et n'est affectée d'aucune condition peut, avec le consentement du débiteur et du propriétaire de l'immeuble...* » Je demanderai à M. Pouyanne de nous faire connaître les raisons qui l'ont porté à proposer la nouvelle rédaction.

M. Pouyanne. — Je ferai tout d'abord observer que je considère comme synonymes les expressions « *tout créancier hypothécaire* » et « *tout créancier inscrit* ». Voici, d'autre part, les explications que donne M. Challamel dans ses commentaires pour justifier l'expression « *dont la créance est dès à présent déterminée* ».

M. Pouyanne donne lecture de ces commentaires. (Voir procès-verbaux de la commission extraparlementaire du Cadastre, fascicule VII, page 108).

Enfin, j'ai cru devoir remplacer la deuxième phrase de l'article 29 par la phrase finale de l'article 160 afin de laisser les parties libres d'agir comme elles le jugeraient utiles.

M. Mallet. — Je suis d'avis de rétablir le texte de l'article 29. En effet, l'expression « *tout créancier inscrit* » suppose nécessairement que l'hypothèque est déterminée puisque le système Torrens n'en admet pas d'autres. D'autre part, il me paraît préférable, en ce qui concerne la manière dont sera déterminé l'ordre de priorité des bons hypothécaires, de s'en tenir à ce qui a été admis par les commissions précédentes. Cet ordre sera fixé par le numéro même donné par le propriétaire aux bons hypothécaires lors de leur création et qui sera inscrit à la fois sur chacun d'eux et sur le livre foncier. Je propose en conséquence d'écarter l'addition proposée par M. Pouyanne.

M. Luciani. — Je suis également d'avis de revenir au texte de l'article 29 qui me paraît très précis et très complet. Je ne vois pas, notamment, l'utilité de prévoir que le bon devra être établi avec le consentement du débiteur, puisque le débiteur originaire sera nécessairement le propriétaire. D'autre part, j'estime avec M. Mallet que la seconde phrase « *Ces bons seront inscrits dans leur ordre sur le livre foncier* » détermine d'une façon suffisamment précise le rang de priorité de ces titres et qu'il y a lieu dès lors de s'en tenir à cette disposition.

La Commission se prononce pour le rétablissement de l'article 29 du projet soumis au Parlement. Cet article est ainsi conçu :

Article 29. — *Tout créancier inscrit pourra, avec le consentement du propriétaire, requérir du conservateur de la propriété foncière la délivrance de bons ou cédules hypothécaires transmissibles par voie d'endossement nominatif et à ordre, jusqu'à concurrence du montant de sa créance en principal. Ces bons seront inscrits dans leur ordre sur le livre foncier. Leur transmission n'est assujettie ni à l'inscription, ni aux formalités exigées par le Code civil pour la cession et le transport des créances.*

Lecture est donnée de l'article 161.

Article 161. — *Les bons ou cédules hypothécaires sont établis par le conservateur sur les formules dont le modèle sera arrêté par le Gouverneur général.*

Le bon hypothécaire indique :

1° La somme principale pour laquelle il a été émis, les intérêts courus, les époques et le lieu du paiement des intérêts et du capital ;

2° La désignation de l'immeuble d'après le livre foncier ;

3° La mention des autres bons émis en même temps ou ayant même rang hypothécaire ;

4° La mention sommaire des charges et hypothèques grevant l'immeuble au moment de l'émission.

Ils sont, en outre, munis de coupons, lorsque la créance est productive d'intérêts.

M. Maginot. — Je propose de réserver pour le règlement d'administration publique les dispositions contenues dans cet article. Ce renvoi est d'ailleurs indiqué par le Ministre des Finances qui, dans sa lettre, déclare lui-même ne voir aucun inconvénient à ce que la constitution et l'inscription des hypothèques et des bons hypothécaires soient déterminées par les soins du pouvoir réglementaire.

Adopté.

Article 162. — *Les bons hypothécaires sont inscrits dans leur ordre sur le livre foncier; ces inscriptions sont reproduites sur la copie du titre. La transmission de ces bons n'est assujettie ni à l'inscription ni aux formalités exigées par le Code civil pour la cession et le transport des créances.*

Néanmoins, le porteur par voie d'endossement d'un bon ou d'une cédule hypothécaire pourra toujours faire mentionner à ses frais la cession qui lui a été consentie sur les registres hypothécaires.

A compter de cette mention, aucune procédure intéressant l'immeuble ne peut être suivie sans que le concessionnaire déclaré y soit appelé.

M. Luciani. — Je propose de supprimer le premier paragraphe de cet article comme faisant double emploi avec les deux dernières phrases de l'article 29 dont le rétablissement a été décidé.

Adopté.

M. Tédeschi. — Il me paraît au contraire nécessaire de maintenir les deux derniers paragraphes. D'une part, en effet, si le porteur d'un bon n'est pas connu, il pourra ne pas être colloqué au moment de la distribution du prix de l'immeuble et perdre ainsi le bénéfice de sa créance. D'autre part, si on n'indique pas dans la loi qu'il aura le droit de faire mentionner la cession qui lui aura été consentie, le conservateur pourra lui refuser l'inscription. Les dispositions prévues à l'article 162 mettent le porteur du bon à l'abri de ces éventualités car on ne peut ouvrir un ordre sans faire de sommations à tous les créanciers inscrits.

M. Pouyanne. — L'inscription sera une gêne pour la facilité des transmissions et le bon hypothécaire perdra ainsi les avantages qu'on veut lui assurer.

M. Tédeschi. — Ce ne sera cependant qu'à cette condition que la sécurité pourra être assurée à son porteur. A mon avis, il est tout à fait insuffisant de se borner à l'inscription des bons aussi bien que des créances hypothécaires, au moment de leur création.

C'est pourquoi je propose non seulement de maintenir les deux derniers paragraphes de l'article 162, mais aussi de rétablir les articles 157 et 158 que la commission a supprimés et qui ouvraient à tout porteur de créances hypothécaires la faculté d'obtenir l'inscription de la cession consentie à son profit.

La commission se rallie à cette proposition. Elle modifie la rédaction de l'article 158 par l'addition des mots « *à ses frais* » dans la première phrase qui devient :

« *Il est loisible néanmoins à tout porteur d'en faire*
« *la notification à ses frais au Conservateur...* »

Article 163. — *Les endosseurs de bons hypothécaires ne sont garants que de l'inscription de l'hypothèque sur le registre foncier.*

M. Pouyanne donne lecture des commentaires par lesquels M. Challamel justifie cette disposition (Voir procès-verbaux de la commission du Cadastre, fascicule VII, page 111).

M. Pouyanne. — Cet article a pour objet d'empêcher que les bons hypothécaires ne puissent être considérés comme des effets de commerce.

M. Luciani. — Il semble que cette éventualité n'est pas à craindre car il s'agit d'un droit réel qui est garanti par l'inscription prise sur l'immeuble. Il ne peut donc y avoir, comme pour les effets de commerce, solidarité entre les divers endosseurs. Dans ces conditions, il ne me paraît pas nécessaire de maintenir cet article.

M. Tédeschi. — Je suis également d'avis qu'il y a lieu de s'en rapporter au droit commun sur ce point.

L'article 163 est écarté par la commission.

Article 164. — *Il n'est admis contre le concessionnaire à titre onéreux et de bonne foi d'un bon hypothécaire, en tant qu'il exerce son droit sur l'immeuble, aucune exception, même pour défaut de droit ou de capacité du constituant.*

Après avoir entendu la lecture du commentaire de cet article (voir procès verbaux de la commission extraparlementaire du cadastre, fascicule VII, page 124), la commission estime qu'il n'y a pas lieu de déroger au droit commun sur ce point. Elle écarte en conséquence l'article 164.

Article 165. — *A défaut de présentation des bons hypothécaires dans les 15 jours de leur échéance, l'immeuble est affranchi par le dépôt à la Caisse des Dépôts et Consignations, sans formalité préalable, du principal et des intérêts courus depuis le dernier coupon détaché jusqu'à l'échéance et au maximum depuis 2 ans.*

L'inscription est rayée au registre foncier sur la seule justification de ce dépôt.

M. Pouyanne donne lecture du commentaire de M. Challamel (voir page 123 du fascicule VII des procès-verbaux de la Commission extraparlementaire du Cadastre).

M. Tédeschi. — Actuellement, le débiteur a le droit de demander le dépôt à la Caisse des Dépôts et Consignations du montant de sa dette hypothécaire et d'obtenir la radiation des inscriptions. Mais les formalités à remplir sont longues et compliquées et n'assurent d'ailleurs aucune garantie aux créanciers car le déposant peut obtenir le retrait de la consignation sans que ceux-ci en soient avertis à temps pour s'y opposer. Les dispositions de l'article 165 réaliseraient donc une amélioration sensible sur l'état de choses actuel. Mais le délai de 15 jours qu'elles prévoient me paraît beaucoup trop court et trop rigoureux.

M. Mallet. — On pourrait remplacer la fin du premier aliéna de cet article à partir des mots : *courus depuis le dernier coupon....* par les mots suivants : *garantis par l'inscription.*

Adopté.

M. Maginot. — Avant de passer à la discussion des articles suivants, je voudrais appeler l'attention de la commission sur l'intérêt qu'il y aurait à autoriser la création de bons hypothécaires remboursables avant l'échéance de la créance hypothécaire dont ils constituent une fraction.

M. Pouyanne. — Il n'est pas possible que le bon hypothécaire puisse être émis pour une date antérieure à celle du remboursement de la créance hypothécaire, car on aggraverait ainsi la situation du débiteur qui se trouverait obligé de rembourser dans un délai moindre que celui qui lui avait été primitivement consenti. En tout cas, la création de pareils bons ne pourrait se faire qu'avec le consentement du débiteur.

M. Luciani. — Nous arrivons au titre V qui est relatif au titre de propriété. Ainsi que vous le savez, nous avons réservé la question du classement des articles qui doivent figurer sous cette rubrique. Lorsque nous aurons arrêté les dispositions concernant le titre de propriété, nous examinerons celles qui devront être placées dans le chapitre de la procédure de l'immatriculation et celles qui devront être insérées dans celui de l'inscription.

Je vous donne lecture de l'article 166 :

Article 166. — *Le titre de propriété est établi au moment de l'immatriculation de la manière indiquée à l'article 45. Il est tenu au courant des modifications qui se produisent dans la situation juridique de l'immeuble postérieurement à l'immatriculation de la manière indiquée au titre III, sections II et III.*

M. Luciani. — Comme cet article ne contient que des références, je crois que nous pourrions le supprimer.

La Commission se rallie à cette manière de voir.

Elle adopte sans discussion l'article 167 ci-après :

Article 167. — *Lorsque le titre de propriété est établi au nom d'un mineur ou de tout autre incapable, l'âge du mineur et la nature de l'incapacité sont indiqués sur le titre. Il en est de même pour les mentions indiquant l'existence de droits réels, en ce qui concerne les titulaires de ces droits.*

Lorsque l'état de minorité ou d'incapacité a pris fin, le mineur devenu majeur ou l'incapable devenu capable peut obtenir la rectification de son titre.

Lecture est donnée de l'article 168 :

Article 168. — *Le propriétaire, à l'exclusion de tous autres, a droit à une copie exacte et complète du titre de propriété.*

Cette copie est nominative et le Conservateur en certifie l'authenticité en y apposant sa signature et le timbre de la Conservation.

Les autres intéressés n'ont droit qu'à la délivrance de certificats d'inscription.

Le premier paragraphe est maintenu sans observations.

M, Maginot. — Je propose de renvoyer au règlement d'administration publique le deuxième paragraphe, qui ne contient que des dispositions d'ordre secondaire, et de maintenir dans la loi le troisième paragraphe qui est au contraire essentiel.

Adopté.

Article 169. — *Lorsque deux ou plus de deux personnes sont propriétaires indivis d'un immeuble, des duplicata authentiques du titre de propriété sont délivrés au nom de tous les propriétaires indivisément et à chacun d'eux.*

Cet article est réservé pour être inséré dans le règlement.

Article 170. — *Toutes les fois qu'une inscription est portée sur le titre de propriété, elle doit l'être en même temps sur la ou les copies du titre de propriété qui ont été délivrées par le Conservateur.*

M. Mallet. — Cet article est, au contraire, du domaine absolu de la loi, puisqu'il pose un principe fondamental, celui de la conformité du titre de propriété et de sa copie. A cette occasion, je crois devoir rappeler, pour éviter toute confusion, que, par titre de propriété, on entend l'ensemble des indications relatives à chaque immeuble qui figurent sur le livre foncier déposé à la Conservation, et, par copie, la reproduction de ces indications qui est délivrée au propriétaire.

M. Maginot — Au point de vue de la forme, je ferai remarquer que la suppression de l'article précédent, qui prévoyait la délivrance de duplicata, oblige à modifier la rédaction de l'article 170 de la manière suivante :

Toutes les fois....., elle doit l'être en même temps sur la copie du titre de propriété qui a été délivrée par le Conservateur.

La Commission adopte cette rédaction.

Article 171. — *L'inscription destinée à constater un fait ou une stipulation qui suppose le consentement des parties ne peut être requise que sur production de la copie. A défaut de production, le Conservateur refuse l'inscription.*

Dans tous les autres cas, le Conservateur fait l'inscription, la porte sur le titre de propriété, la notifie aux détenteurs des copies délivrées et, jusqu'à ce que la concordance ait été établie entre le titre et les copies, il refuse toute nouvelle inscription prise de leur consentement.

Maintenu sans observations.

La Commission décide de renvoyer au règlement les articles ci-après qui se rapportent à des questions de détail :

Article 172. — *Le propriétaire peut, s'il le désire, lorsque son titre est surchargé de mentions anciennes annulées par suite d'extinctions, mainlevées, radiations, etc., se faire délivrer par le Conservateur une copie nouvelle qui est la reproduction de l'ancienne, sauf suppression des mentions annulées et devenues sans objet. L'ancienne copie est annulée comme il est dit à l'article 114 ci-dessus et le Conservateur la garde dans ses archives.*

Article 173. — *En cas de perte ou de vol de la copie d'un titre de propriété, l'ayant droit doit faire défense au Conservateur d'opérer aucune formalité sur la production du titre perdu ou volé.*

Article 174. — *Il peut se faire délivrer une nouvelle copie en vertu d'un jugement de la Chambre des immatriculations. Mention est faite sur ce titre de la délivrance d'une nouvelle copie. Elle fait considérer la copie perdue ou volée comme nulle et non avenue.*

La Commission charge le secrétaire, M. Maris, de faire le classement des articles qui viennent d'être examinés.

Elle réserve, pour être insérés dans le règlement, les articles 175, 176 et 177 du titre VI relatif au Conservateur de la propriété foncière. Ces articles sont ainsi conçus :

Article 175. — *Le Conservateur de la propriété foncière est nommé par arrêté du Gouverneur Général.*

Article 176. — *Les indemnités et salaires qui lui sont dus sont déterminés par arrêtés du Gouverneur général.*

Article 177. — *Il n'y aura, au début du fonctionnement du nouveau régime foncier, qu'un conservateur de la propriété foncière pour toute l'Algérie. A mesure que les besoins du service l'exigeront, il pourra être établi par arrêté du Gouverneur général une conservation foncière au chef lieu de chaque département et même au chef-lieu de chaque arrondissement judiciaire.*

Lecture est donnée de l'article 178 ci-après :

Article 178. — *Le Conservateur de la propriété foncière dirige la procédure d'immatriculation et procède à l'établissement du titre de propriété lorsque cette procédure est terminée. Il instruit seul les demandes d'immatriculation qui ne soulèvent aucune des difficultés ou contestations prévues à l'article 21 ci-dessus.*

M. Maginot. — Cet article n'est qu'un résumé des dispositions déjà contenues dans des articles précédents. Il me paraît donc inutile.

La commission se rallie à cette manière de voir.

Pour les mêmes motifs, elle écarte l'article 179 ainsi conçu :

Article 179. — *Dans le cas où il se présente des difficultés ou des contestations prévues au dit article, elles sont jugées par la Chambre des immatriculations conformément aux articles 22 à 44 ci-dessus. Le conservateur établit ensuite le titre de propriété, s'il y a lieu, en tenant compte des décisions rendues.*

Lecture est donnée de l'article 180 ci-après :

Article 180. — *Pour accomplir sa mission au cours de la procédure d'immatriculation, telle qu'elle est définie au titre II des chapitres I et II et spécialement à l'article 13, le conservateur de la propriété foncière est investi des pouvoirs les plus étendus. Il demande, s'il en est besoin, tous renseignements et justifications complémentaires, soit au requérant, soit à toutes autres personnes pouvant avoir des droits sur l'immeuble. Il peut demander tous renseignements nécessaires, soit aux autorités administratives et judiciaires, soit aux particuliers. Il peut convoquer ceux-ci par voie administrative dans ses bureaux, pour les inviter à fournir des explications, Il peut, s'il le préfère, les faire entendre par voie de délégations adressées aux autorités administratives et judiciaires.*

Lorsque les personnes convoquées par le Conservateur ou par les autorités qu'il aura déléguées ne répondront pas à cette convocation, le Conservateur pourra, par ordonnance non susceptible d'appel, les condamner à une amende qui ne pourra excéder 100 francs. Si les personnes reconvoquées à nouveau sont encore défaillantes, elles seront condamnées par le Conservateur à une amende de 100 francs et le Conservateur pourra même décerner contre elles un mandat d'amener. Si ces personnes justifient qu'elles n'ont pu se présenter au jour indiqué, le Conservateur les déchargera de l'amende après leur déposition.

M. Mallet. — Cet article me paraît draconien. En conférant des pouvoirs discrétionnaires au Conservateur, il impose par cela même à ce dernier une responsabilité illimitée. D'autre part, il ne me semble pas possible d'autoriser ce fonctionnaire à décerner des mandats d'amener. Je ne suis même pas partisan de lui donner le pouvoir d'infliger des amendes. A mon avis, l'article doit être entièrement rejeté.

M. Pouyanne. — Je ne vois rien d'excessif dans les pouvoirs que je propose de conférer au Conservateur. Ces pouvoirs sont en effet les mêmes que ceux accordés au juge d'instruction par le Code de procédure criminelle et au juge enquêteur par le Code de procédure civile. Pour que le Conservateur puisse remplir sa mission si délicate et si complexe, pour assurer notamment la protection des incapables et des absents, il me paraît indispensable qu'il dispose de moyens d'action efficaces et puissants. D'ailleurs, en fait, il doit être considéré comme un juge puisqu'il exerce une partie des attributions qui appartiennent actuellement en Tunisie au tribunal mixte.

M. Luciani. — Les dispositions de l'article 180 constituent une aggravation de celles du projet soumis à la Chambre. Cette aggravation me paraît peu justifiée, car, à mon avis, le Conservateur est suffisamment armé par les déchéances qu'il peut prononcer en refusant les inscriptions pour qu'il soit inutile de lui donner des pouvoirs exceptionnels. D'ailleurs, j'estime que si le fonctionnement du nouveau régime ne peut être assuré qu'à coups de pénalités, il est condamné d'avance. En tout cas, s'il est nécessaire de prévoir certaines sanctions pénales, ce n'est pas au Conservateur qu'il faut donner pouvoir de les prononcer.

M. Tédeschi. — Je partage l'opinion exprimée par MM. Mallet et Luciani. Le droit d'infliger des amendes entraînerait d'ailleurs pour le Conservateur des obligations gênantes, notamment celle de tenir un registre des peines qu'il prononcerait. Je préférerais donc que l'amende fût infligée par le juge de paix, par exemple.

M. Maginot. — J'estime qu'il est absolument nécessaire de prévoir des amendes, qui pourraient être prononcées par la Chambre des immatriculations, afin de permettre au Conservateur d'assurer efficacement la protection des intérêts dont il a garde. Mais la disposition à insérer à cet effet me paraît mieux à sa place dans le chapitre qui sera affecté aux pénalités à la fin du projet.

La Commission se rallie à cette manière de voir. Elle écarte, en conséquence, l'article 180, sous réserve qu'il sera inséré au chapitre des pénalités un article punissant d'amende la non comparution devant le Conservateur ou le Juge rapporteur.

Article 181. — *Le Conservateur procède à l'inscription sur les registres fonciers et sur la copie du titre de propriété de tous actes, conventions ou mutations postérieurs à l'immatriculation, qui doivent être rendus publics en conformité des prescriptions des articles 58 et 59 ci-dessus. En cas de difficultés avec le requérant, relativement aux justifications à produire à l'appui de la demande d'inscription, il est procédé conformément aux articles 94 à 99 ci-dessus et l'inscription ne peut être prise qu'en vertu d'un jugement de la Chambre des immatriculations.*

Cet article est supprimé comme ne constituant qu'un résumé de ce qui a été déjà spécifié au cours du projet.

Article 182. — *Le Conservateur doit certifier, toutes les fois qu'il en est requis, la conformité des copies du titre de propriété avec le titre inscrit au registre foncier.*

M. Luciani. — Cet article est-il bien nécessaire ? N'est-ce pas la conséquence de l'article 170, d'après lequel toute inscription portée sur le titre doit l'être en même temps sur la copie ?

M. Mallet. — Sans doute, mais, en fait, le registre seul fera foi, car il pourra arriver que des mentions inscrites sur le livre foncier n'auront pu l'être sur la copie. Il est donc utile de prévoir que le Conservateur pourra être requis de certifier la conformité des deux documents. Cette disposition permettra aux tiers de traiter en toute sécurité avec le porteur de la copie.

La Commission adopte l'article 182.

Sur la proposition de M. Maginot, elle décide, en outre, de le reporter après l'article 168, où il sera mieux à sa place.

Les articles 183 à 186 sont adoptés sans observations.

Article 183. — *Il doit également délivrer à tous ceux qui le requièrent des extraits ou états relatant les mentions ou inscriptions portées sur les registres fonciers et concernant les immeubles ou les droits immobiliers visés dans les réquisitions.*

Article 184. — *Hors le cas prévu par la loi, le Conservateur ne peut ni refuser, ni retarder une inscription, une radiation, réduction ou rectification d'inscription régulièrement demandée, la délivrance de la copie aux personnes qui y ont droit ou la délivrance à toute personne de certificats d'inscription, sous peine de dommages intérêts.*

Article 185. — *Toute erreur ou omission commise dans une inscription, mention ou prénotation peut être rectifiée par le Conservateur sur la réquisition des intéressés. Le Conservateur peut, en outre, rectifier d'office, sous sa responsabilité, les irrégularités provenant de son chef.*

Article 186. — *En cas de refus de la part du Conservateur d'obtempérer à la réquisition des intéressés, la rectification demandée ne peut être opérée qu'en vertu d'une décision de la Chambre des immatriculations et dans les conditions qui sont indiquées par cette décision.*

La Commission aborde la section relative aux livres et registres qui doivent être tenus par le Conservateur. Elle renvoie au décret, comme ne contenant que des dispositions d'ordre règlementaire les articles 187 à 191 de cette section. Ces articles sont ainsi conçus :

Article 187. — *Le Conservateur de la propriété foncière tiendra :*

1° Le registre des titres de propriété prévu par l'article ci-dessus ;

2° Le registre des dépôts, où sont constatés par un numéro d'ordre, à mesure qu'elles s'effectuent, les remises des documents à fin d'inscription et généralement de tous actes et écrits à inscrire, transcrire ou mentionner. Le Conservateur ne pourra inscrire sur le registre des titres de propriété les droits réels résultant de ces actes ou écrits qu'à la date et dans l'ordre des remises qui en auront été mentionnées sur le registre des dépôts et suivant les prescriptions des articles 80 et 99 ci-dessus.

Article 188. — *Ces registres sont tenus en double d'après le modèle arrêté par le Gouverneur général et l'un des doubles est déposé dans les trente jours qui suivent sa clôture au greffe du tribunal de première instance désigné par le Gouverneur général et autre que celui du siège de la conservation.*

Article 189. — *Le Conservateur donne au déposant, s'il le demande, pour chaque document déposé, une reconnaissance qui reproduit la mention du registre et rappelle le numéro d'ordre sous lequel cette mention a été portée.*

Article 190. — *Le Conservateur tient encore :*

1° Une table alphabétique des titulaires des droits réels et des baux inscrits sur les registres fonciers ;

2° Une table alphabétique des titres de propriété.

Et tous autres registres dont la nécessité sera reconnue par arrêté du Gouverneur général.

Article 191. — *Tous les registres du Conservateur sont cotés et paraphés sur chaque page par première et dernière par le président du tribunal ou son détenteur.*

Lecture est donnée des articles 192 et 193 qui déterminent la responsabilité du Conservateur.

Article 192. — *Le Conservateur de la propriété foncière est tenu de se conformer dans l'exercice de ses fonctions à toutes les dispositions de la présente loi et des règlements d'administration publique qui seront rendus pour en assurer l'exécution, sous peine d'une amende de cent francs qui sera doublée en cas de récidive. Il sera en outre tenu à des dommages intérêts en réparation du préjudice causé aux parties qui se trouveraient lésées par le fait de sa faute ou de sa négligence.*

Article 193. — *Le conservateur est responsable, notamment, du préjudice résultant :*

1° Des irrégularités et nullités des inscriptions, prénotations ou mentions portées sur les registres fonciers sauf les exceptions contenues aux articles. . .

2° De l'omission sur les registres fonciers d'inscriptions, prénotations ou mentions régulièrement requises dans ses bureaux ;

3° De l'omission dans les certificats ou extraits du registre foncier délivrés par lui et certifiés conformes, d'une ou de plusieurs inscriptions, prénotations ou mentions portées sur le registre foncier.

M. Mallet. — J'estime qu'il est excessif de prévoir qu'une amende pourra être infligée au conservateur pour faute professionnelle. Il suffit de le rendre responsable du dommage que cette faute aura pu causer.

M. Pouyanne. — A mon avis, la responsabilité des dommages intérêts qui est imposée par l'article 192 est beaucoup plus sévère. On peut donc maintenir l'amende prévue par ce texte.

La commission se rallie à cette manière de voir.

M. Maginot. — Je crois devoir signaler à la Commission que M. le Ministre des Finances, en faisant remarquer que la responsabilité du Conservateur devait être fixée par la loi, a insisté sur l'importance que présente cette question. Pour lui donner satisfaction, je proposerais de reprendre les articles 85 à 88, par lesquels la 1re Commission avait réglementé cette question dans son projet, pour les substituer aux articles 192 et 193 du projet actuel.

Adopté.

Les articles 85 à 88 sont ainsi conçus :

Article 85. — *Le Conservateur est responsable du préjudice résultant :*

1° De l'omission sur le registre des inscriptions régulièrement requises en ses bureaux ;

2° De l'omission, sur les copies, des inscriptions portées sur le titre, sauf l'hypothèse prévue par l'article 64 ;

3° Du défaut de mention, savoir : sur les titres de propriété affectant directement la propriété et, dans les états ou certificats, d'une ou plusieurs de ces inscriptions existantes, à moins qu'il ne se soit exactement conformé aux réquisitions des parties ou que le défaut de mention ne provienne de désignations insuffisantes qui ne pourraient lui être imputées.

Article 86. — *L'immeuble à l'égard duquel le Conservateur aurait omis, dans les copies dûment certifiées du titre de propriété ou dans les certificats, un ou plusieurs des droits inscrits qui devaient y figurer légalement, en demeure affranchi dans les mains du nouveau possesseur, sauf responsabilité du Conservateur, s'il y a lieu.*

Néanmoins, cette disposition ne préjudicie pas aux droits des créanciers hypothécaires de se faire colloquer suivant l'ordre qui leur appartient, tant que le prix n'a pas été payé par l'acquéreur ou tant que l'ordre ouvert entre les créanciers n'est pas définitif.

Article 87. — *Le Conservateur est tenu de se conformer, dans l'exercice de ses fonctions, à toutes les dispositions de la présente loi, à peine d'une amende de 100 francs pour la première contravention.*

En cas de récidive, l'amende sera doublée, le tout sans préjudice des dommages et intérêts des parties, lesquels seront payés avant l'amende.

Article 88. — *Les mentions de dépôt sont faites sur les registres, de suite, sans aucun blanc ni interligne, à peine, contre le Conservateur, de 50 francs d'amende et de dommages intérêts des parties, payables aussi de préférence à l'amende.*

La séance est levée à 6 heures du soir.

Le Président,
LUCIANI.

Le Secrétaire,
MARIS.

15e SÉANCE

Séance du 8 janvier 1907 (matin)

La séance est ouverte à 9 heures du matin.

Tous les membres sont présents.

M. Morand. — Avant de reprendre la discussion des articles, je désirerais faire une observation. Dans notre avant dernière séance, je n'avais pas remarqué que le bon hypothécaire n'est qu'une obligation hypothécaire fractionnée. Dès lors, je ne vois pas pourquoi la créance hypothécaire ne pourrait pas, comme le bon hypothécaire, être transmise par voie d'endossement avec faculté pour le porteur d'en faire ou non la notification au Conservateur. Je serais donc d'avis de rétablir les articles 157 et 158 que nous avons supprimés et qui ouvraient cette faculté au porteur de l'obligation hypothécaire. Il me semble, d'autre part, qu'il n'y aurait que des avantages à stipuler que l'immeuble sera affranchi de l'hypothèque par le dépôt du principal et des intérêts dans les mêmes conditions que pour le bon hypothécaire. Je proposerais en conséquence d'ajouter à l'article 158 un alinéa ainsi conçu :

« A défaut de présentation du titre dans les quinze « jours de son échéance, l'immeuble est affranchi de « l'hypothèque dans les conditions de l'article 165 ci- « après. »

La Commission se rallie à cette proposition. Elle décide en conséquence de rétablir les articles 157 et 158 et de compléter l'article 158 par l'addition ci-dessus et par les mots « *à ses frais* » dans la phrase : « Il est loisible, néanmoins, à tout porteur d'en faire *à ses frais*..... »

La Commission aborde l'examen du titre VII relatif à la Chambre des immatriculations.

M. Pouyanne. — Je serais d'avis de ne maintenir dans le projet de loi que les dispositions qui faisaient l'objet des articles 10, 11, 12 et 13 du texte soumis à la Chambre. Ces articles contiennent en effet les principes d'après lesquels sera organisée la Chambre des immatriculations; ils fixent en outre les attributions de cette nouvelle juridiction ainsi que les règles de la procédure qui sera suivie devant elle. Il est indispensable que ces innovations soient consacrées par la loi.

La Commission se rallie à cette manière de voir. En conséquence, elle décide de rétablir l'article 10 du projet soumis à la Chambre après avoir toutefois complété le second alinéa par l'addition suivante: “ *ainsi que tous les litiges relatifs à l'application de la présente loi* ”. Cette addition a pour but de compléter l'énumération des attributions de la Chambre des immatriculations. La rédaction de l'article 10 est en conséquence arrêtée de la manière suivante;

Article 10. — *La Chambre des immatriculations est composée de magistrats appartenant aux tribunaux de première instance. Elle est constituée conformément aux dispositions du règlement d'administration publique qui sera rendu en exécution de la présente loi.*

Elle est chargée de trancher les contestations soulevées par les procédures d'immatriculation, par les réquisitions d'inscription, de faire procéder aux ventes en justice d'immeubles immatriculés, de trancher les contestations soulevées par ces ventes et les opérations de distribution du prix, ainsi que tous les litiges relatifs à l'application de la présente loi.

Lecture est donnée de l'article 11 ci-après :

Article 11. — *Les prescriptions du code de procédure civile et les autres lois sur la procédure civile actuellement en vigueur ne sont pas applicables au procédures portées devant la Chambre des immatriculations.*

Ces procédures se feront toutes entières par les soins

des magistrats et greffiers, sans ministère des avoués et huissiers. Les formes de procéder seront déterminées par le règlement d'administration publique.

M. Tédeschi. — Je suis partisan de la suppression du ministère des avoués et des huissiers dans la procédure qui sera suivie devant la Chambre des immatriculations. Mais, il y a des cas où l'intervention de ces officiers ministériels me paraît devoir être maintenue, notamment en cas de vente de l'immeuble, pour la fixation des enchères. Actuellement, en effet, c'est l'avoué qui reçoit les ordres pour les enchères. Je crains que le secret de ces ordres soit mal gardé si l'on ne peut plus recourir à son ministère. D'autre part, l'avoué est un peu juge de la solvabilité des acquéreurs. Du fait seul de son intervention, il engage dans une certaine mesure sa responsabilité. En l'écartant de la procédure, on diminue les garanties que présentent actuellement les adjudications publiques. Je verrais d'autant moins d'inconvénient à ce que les avoués fussent admis à prêter leur ministère, lorsqu'il s'agira d'adjudications, que dans ce cas leurs honoraires sont très minimes (15 francs). D'ailleurs, en fait, les intéressés ne pourront se dispenser d'avoir recours aux avoués, mais alors ils devront subir toutes leurs exigences car il n'y aura plus de tarifs fixés par la loi. Et comme il est de principe que celui qui a prêté sur un immeuble soit remboursé de tous ses frais, on diminuera par cela même le crédit immobilier. Je rappelle d'ailleurs que, sur ma proposition, la 1re commission avait admis l'intervention des avoués pour les enchères et la procédure d'ordre.

M. Pouyanne. — Nous voulons organiser un régime qui tranche absolument avec le régime actuel dont les inconvénients et les frais exorbitants ont été maintes fois signalés. Si nous maintenons le concours des avoués, il est à craindre que ces inconvénients ne subsistent. Je ferai d'ailleurs remarquer qu'en matière d'adjudication, la responsabilité de l'avoué est à peu près illusoire. Pour qu'elle fût engagée, il faudrait pouvoir établir à l'encontre de l'avoué que l'acquéreur était notoirement insolvable. On aura donc tout autant de garanties en exigeant de ce dernier un certificat de non indigence. Quant au secret des enchères, il pourra tout aussi bien être gardé par les intermédiaires ou les mandataires auxquels les intéressés auront comme aujourd'hui la faculté de s'adresser.

M. Luciani. — Comme M. Pouyanne, je ne crois pas nécessaire l'intervention des avoués. Je vois au contraire des inconvénients à ce qu'elle soit maintenue. Nous vivons à cet égard sous l'influence de préjugés puisqu'il y a des pays où l'on s'en passe. Je propose donc le maintien de l'article 11 qui écarte leur ministère.

Adopté.

La Commission modifie de la manière suivante la rédaction de la phrase finale de cet article : *« Les « formes de procéder seront déterminées par les articles « suivants de la présente loi et par le règlement d'admi- « nistration publique. »*

Les articles 12 et 13 du projet soumis à la Chambre sont également adoptés sans observation. Ces articles sont ainsi conçus :

Article 12. — *Les affaires portées devant la Chambre des immatriculations sont instruites par un Juge rapporteur. Ce Juge peut ordonner toutes mesures d'instruction utiles.*

Dans le cas où une opposition à l'immatriculation lui parait vexatoire, il peut, par ordonnance non-susceptible de recours, évaluer les frais nécessaires pour la vider, et obliger l'opposant à en faire l'avance dans un délai de huit jours sous peine de déchéance.

Article 13. — *Les jugements rendus par la Chambre des immatriculations au cours des procédures d'immatriculation ne sont susceptibles d'aucun recours autre que le pourvoi en révision pour excès de pouvoir ou violation de la loi. Ce recours sera formé, à peine de nullité, dans la quinzaine du prononcé du jugement. Il sera porté devant la Cour d'Alger.*

La procédure devant la Cour sera la même que devant la Chambre des Immatriculations. Elle sera dirigée par un Conseiller rapporteur qui pourra rejeter par simple ordonnance non susceptible de recours tout pourvoi qu'il estimerait téméraire ou vexatoire.

La Cour annule les dispositions du jugement contraires à la loi et évoquant, s'il y a lieu, applique les principes du droit aux faits tels qu'ils résultent du jugement attaqué et statue définitivement.

L'arrêt n'est susceptible ni d'opposition, ni de pourvoi en cassation.

Par suite, les articles 194 à 197 ci-après du projet sont réservés pour le règlement d'administration publique.

Article 194. — *Chaque Tribunal de première instance comprendra une Chambre des Immatriculations, composée d'un Président, de deux Juges et d'un Juge rapporteur pris parmi les magistrats du Tribunal.*

Le Procureur de la République et ses substituts rempliront le rôle du ministère public.

Article 195. — *Le président de la Chambre des immatriculations pourra être soit le président, soit un vice-président du tribunal, soit un juge plus ancien que les deux autres juges faisant partie de la même Chambre.*

Article 196. — *Le président et les deux juges qui composent la Chambre des immatriculations seront désignés à cet effet par simple règlement intérieur pris au sein du tribunal.*

Article 197. — *Le juge rapporteur sera désigné par décret sur propositions des chefs de la cour d'Alger. Il jouira en sus du traitement auquel ont droit les juges du tribunal, d'une indemnité au moins égale à celle que la loi du 30 août 1883 attribue aux juges d'instruction et qui sera déterminée par arrêté du Gouverneur général. En cas d'absence ou de maladie, il sera remplacé par un juge désigné par la délibération du tribunal.*

Les articles 198, 199 et 200 sont supprimés comme faisant double emploi avec les articles 10 et 11 du projet soumis à la Chambre. Ces articles sont ainsi conçus :

Article 198. — *La Chambre des immatriculations est chargée de trancher les difficultés ou contestations soulevées par la procédure d'immatriculation, par les réquisitions d'inscription, par les recours exercés contre le fonds d'assurance. Elle est chargée également de faire procéder aux ventes en justice d'immeubles immatriculés, de trancher les incidents et contestations soulevés par ces ventes et par les opérations de distribution du prix, et d'une façon générale de solutionner tous litiges relatifs aux immeubles immatriculés qui lui seront déférés par la présente loi et par les règlements d'administration publique qui seront rendus pour en assurer l'exécution.*

Article 199. — *Les prescriptions du Code de procédure civile et les autres lois sur la procédure civile actuellement en vigueur, qui sont contraires aux prescriptions de la présente loi, ne sont pas applicables aux procédures portées devant la Chambre des immatriculations.*

Article 200. — *Les procédures portées devant la Chambre des immatriculations, sauf dispositions contraires expresses de la présente loi, se font toutes entières par les soins des magistrats et greffiers sans ministère des avoués et huissiers.*

Lecture est donnée de l'article 201 ci-après :

Article 201. — *Il y aura, à la Cour d'appel d'Alger, une Chambre spéciale qui connaîtra des appels formés contre la Chambre des immatriculations. Elle connaîtra également des pourvois formés contre les décisions rendues en matière d'immatriculation et d'inscription, aux termes des articles 44 bis et 98 ci-dessus. Elle comprendra un conseiller rapporteur désigné par décret, qui jouira d'une indemnité fixée par arrêté du Gouverneur général.*

Cette disposition est nouvelle et ne figurait pas dans le texte soumis à la Chambre des Députés.

M. Tédeschi. — Si l'on réserve la faculté d'appel pour les décisions de la Chambre des immatriculations, on risque d'éterniser les procédures. La suppression de l'appel n'a d'ailleurs rien d'exorbitant étant donné que les immeubles immatriculés auront une situation nette qui rendra la solution des procès beaucoup plus facile que pour les immeubles soumis au doit commun. A mon avis, il n'y a lieu de prévoir que le pourvoi en révision pour excès de pouvoir ou violation de la loi.

M. Pouyanne. — En matière d'immatricutation, j'estime, comme M. Tédeschi, qu'il ne doit pas y avoir d'appel, parce qu'il est nécessaire d'écarter tout ce qui est de nature à ralentir la procédure. Mais pour tous les litiges postérieurs à l'immatriculation, j'admets que l'on puisse faire appel des décisions de la Chambre des immatriculations parce qu'alors il n'y a plus la même nécessité d'aller rapidement.

M. Luciani. — Si l'on prévoit la création d'une juridiction d'appel, il y aura trois degrés de juridiction puisque vis-à-vis du Conservateur, la Chambre des immatriculations est déjà un tribunal d'appel. Cela me paraît inadmissible.

M. Pouyanne. — Le Conservateur n'intervient pas dans tous les cas; il en résulte que si la faculté d'appel n'était pas prévue on supprimerait le second degré de juridiction.

M. Mallet. — Pour moi, je ne saurais admettre que l'on ne pût faire appel des décisions de la Chambre des immatriculations.

M. Luciani. — Je crois devoir vous rappeler que nous avons adopté l'article 44 bis dont la première phrase est ainsi conçue : « *Les jugements rendus par la Chambre des immatriculations ne sont susceptibles d'ucun recours autre que le pourvoi en révision pour excès de pouvoir ou violation de loi* ».

M. Morand. — A mon avis, cet article ne vise que les procès survenus au cours de la procédure d'immatriculation. Pour ceux qui surgiront après, je serais partisan de maintenir l'appel car il me paraît dangereux de supprimer les deux degrés de juridiction.

M. Maginot. — L'article 44 bis n'a fait l'objet d'aucune discussion. Or, cet article, qui est la reproduction de l'article 13 du projet soumis à la Chambre, a donné lieu, de la part du Ministre de la Justice, aux observations suivantes : « L'article 13 donne au Conseiller rapporteur chargé d'instruire l'affaire en « appel le droit de rejeter par simple ordonnance « non susceptible de recours, tout pourvoi qu'il « estimerait téméraire ou vexatoire. Ce droit peut « sembler dangereux. Il constitue en tout cas une « innovation discutable, car le rôle d'un rapporteur « est d'exposer une affaire et non de la juger ; il « serait à craindre que sa décision manquât d'autorité. »

En maintenant l'article 44 bis, nous n'avons pas tenu compte de ces critiques. Si nous supprimons la faculté d'appel, nous irons encore davantage à l'encontre de l'opinion exprimée par le Ministre. En ce qui me concerne, je suis d'avis qu'il faut maintenir l'appel.

M. Luciani. — L'observation du Ministre ne vise que le pouvoir exceptionnel conféré au juge rapporteur et non les pouvoirs de la Chambre des immatriculations. Je mets la question aux voix.

La majorité se prononce pour l'établissement d'une juridiction d'appel.

En raison des observations du Ministre de la Justice, la Commission décide en outre, sur la proposition de M. Mallet, de supprimer l'article 44 bis et de remplacer l'article 201 par la disposition suivante :

Les décisions de la Chambre des immatriculations, pour lesquelles la faculté d'appel n'aura pas été retirée par la présente loi, seront déférées à la Chambre de la Cour d'appel d'Alger chargée de statuer sur les pourvois en révision prévus aux articles..... et suivant la même procédure.

La séance est levée à 11 h. 1/2

Le Président, LUCIANI.

Le Secrétaire, MARIS.

16e SÉANCE

Séance du 8 Janvier 1907 (soir)

La séance est ouverte à 2 heure 1/2 du soir.

Tous les membres sont présents.

M. Luciani. — Dans une de nos séances précédentes, nous avons décidé de substituer les articles 16 à 25 du projet de la première commission aux articles 204 à 224 du projet de M. Pouyanne. Pour nous assurer s'il n'y a pas lieu néanmoins de conserver certaines des dispositions contenues dans ce dernier projet, nous allons examiner chacun des articles supprimés. Je vous donne lecture de l'article 204.

Article 204. — *La Chambre des immatriculations est saisie des affaires qui sont portées devant elle soit par le Conservateur de la propriété foncière, s'il s'agit de contestations ou difficultés soulevées par les demandes d'immatriculation et d'inscription, soit par les intéressés. S'il s'agit d'autres litiges ou d'autres difficultés, elle en est saisie par les personnes et de la manière indiquée par la présente loi pour chaque cas particulier.*

M. Mallet. — Il me paraît indispensable, si nous supprimons les articles 204 à 224, d'insérer dans la loi un article général de renvoi spécifiant que la procédure qui s'applique aux contestations soulevées par les demandes d'immatriculation et les demandes d'inscription est applicable à tous les autres litiges portés devant la Chambre des immatriculations. Je propose en conséquence de substituer à l'article 204 un nouvel article ainsi conçu :

La procédure indiquée aux articles 22 à 31 et qui s'applique aux contestations soulevées par les deman-

des d'immatriculation et les demandes d'inscription est applicable à tous les autres litiges portés devant la Chambre des immatriculations.

Adopté.

Lecture est donnée de l'article 205 ci-après :

Article 205. — *Lorsque l'affaire a été inscrite au rôle d'entrée de la Chambre des immatriculations, le dossier est aussitôt transmis au Juge rapporteur.*

Cet article est renvoyé au règlement d'administration publique.

Article 206. — *Si les prétentions des parties ne se trouvent pas suffisamment précisées par elles dans les pièces constituant le dossier, le Juge rapporteur les met en demeure de lui faire parvenir un exposé des dites prétentions, dans un délai de quinze jours augmenté du délai des distances. Si, dans ce délai, l'exposé ne lui est pas parvenu, la partie pourra être déclarée déchue de ses droits par la Chambre des immatriculations.*

Cet article est supprimé comme faisant double emploi avec l'article 17 du projet de la première commission dont le rétablissement a été voté.

Article 208. — *Le débat étant ainsi précisé, le juge rapporteur procède à l'instruction complète du litige ou de la difficulté soulevée. Il jouit à cet effet des pouvoirs les plus étendus. Il peut procéder lui-même à toutes mesures d'information utiles : transport sur les lieux, enquêtes, convocations, auditions des témoins etc.... Il peut, s'il le préfère, faire exécuter ces mesures d'information par voie de délégation adressée aux autorités administratives ou judiciaires. Il peut, par ordonnance, commettre des experts afin d'exécuter telles opérations ou de procéder à telles recherches qu'il estime utiles.*

M. Luciani. — En voulant faire préciser par la loi les mesures que le juge rapporteur pourra ordonner, on risque d'en omettre. Il est préférable, dès lors, de laisser au décret le soin de réglementer les pouvoirs de ce magistrat.

M. Pouyanne. — Si la loi ne donne pas au juge rapporteur le pouvoir de prendre les mesures prévues à l'article 208, ces mesures devront être ordonnées par la Chambre des Immatriculations.

M. Tédeschi. — J'estime que l'article 18 du projet de la première commission est suffisant : les pouvoirs qu'il accorde sont assez étendus pour qu'il soit inutile de les compléter ou de les préciser par de nouvelles dispositions. Je pense donc comme M. Luciani que cet article peut disparaître.

La commission se range à cette manière de voir.

Article 209. — *Lorsque les personnes convoquées par le juge rapporteur ou par les autorités qu'il aura déléguées ne répondront pas à la convocation, le juge rapporteur pourra, par ordonnance non susceptible d'appel, les condamner à une amende qui ne pourra excéder 100 francs. Si ces personnes convoquées à nouveau sont encore défaillantes, elles seront condamnées par le juge rapporteur à une amende de cent francs et le juge rapporteur pourra même délivrer contre elles un mandat d'amener. Si ces personnes justifient qu'elles n'ont pu se présenter au jour indiqué, le juge rapporteur les déchargera de l'amende après leur déposition*

Pour les motifs qui ont déterminé la commission à supprimer l'article 180, cet article est écarté sous réserve qu'il sera inséré au chapitre des pénalités une disposition fixant les peines que pourra infliger le juge rapporteur.

Article 210. — *Les convocations, notifications ou significations que le juge rapporteur ou ses délégués adresseront aux particuliers, se feront par voie administrative, par l'intermédiaire des commissaires de police, maires ou administrateurs qui en retireront un récépissé et l'adresseront à l'auteur de la notification.*

Les notifications à faire par les parties au juge rapporteur se feront par lettre recommandée ou non

Celles que les parties se feront entre elles seront adressées par elles au greffier qui procédera administrativement par les intermédiaires indiqués ci-dessus.

La Commission écarte cet article comme inutile en présence des dispositions contenues dans l'article 24 du projet de la première commission.

Article 211. — *Lorsque le juge rapporteur aura ordonné une mesure d'instruction de nature à occasionner des frais, telle qu'expertise, enquête, descente sur les lieux, etc..., il fera une évaluation approximative de ces frais; le montant de cette évaluation devra être déposé, préalablement à l'opération ordonnée, entre les mains du greffier, par la personne qui a intérêt à faire vider cette mesure d'instruction et qui sera désignée par le juge. L'opération terminée, les frais en seront définitivement taxés par le président de la Chambre des immatriculations ou son délégataire, et le greffier paiera à qui de droit d'après cette taxe.*

Renvoyé au règlement d'administration publique.

Article 212. — *Lorsque l'instruction est terminée par le juge rapporteur, l'affaire est inscrite à un rôle des audiences de la Chambre des immatriculations. Les parties sont averties par le greffier, huit jours au moins à l'avance, du jour où l'affaire viendra en séance publique.*

Écarté comme faisant double emploi avec l'article 19 du projet de la première commission.

Article 213. — *Lorsque l'affaire est appelée à l'audience et après le rapport fait sur chaque affaire par le juge, les parties présentent leurs observations verbales, soit en personne, soit par mandataire, mais sur les points seulement qui ont été développés dans leur requête, exposé ou mémoire.*

Écarté comme faisant double emploi avec l'article 20 du projet de la première commission.

Article 214. — *La Chambre des immatriculations*

peut ordonner toutes mesures d'instruction complémentaire par jugements avant dire droit qui ne sont susceptibles d'aucune voie de recours. La taxe des frais nécessaires pour les faire vider sera évaluée provisoirement et arrêtée définitivement par le président ou son délégataire. Les frais sont consignés et payés dans les conditions fixées à l'article ci-dessus.

M. Luciani. — La première phrase de cet article me paraît devoir être supprimée comme faisant double emploi avec la première phrase de l'article 21 du projet de la commission.

La Commission se rallie à cette manière de voir.

M. Maginot. — A propos de la deuxième phrase de l'article 21, je rappelle que le Ministre de la Justice a critiqué la disposition d'après laquelle le Conseiller rapporteur peut rejeter par une simple ordonnance non susceptible de recours, tout pourvoi qu'il estimerait téméraire ou vexatoire.

M. Mallet. — Pour donner satisfaction à ces observations, il faudrait supprimer la fin de l'article 18 du projet de la première commission à partir des mots « *s'il estime qu'une opposition présente un caractère téméraire ou vexatoire....* » ainsi que la dernière phrase de l'article 21 du même projet.

M. Pouyanne. — En Tunisie, on a constaté que des indigènes font profession d'exercer des oppositions vexatoires au cours des procédures d'immatriculation et vivent de l'exploitation des véritables propriétaires qui préfèrent se débarrasser de leurs revendications par la remise d'une somme d'argent plutôt que par voie de justice. Si nous voulons éviter que ces pratiques malhonnêtes ne se produisent en Algérie, il me paraît indispensable de maintenir les dispositions que M. Mallet propose de supprimer.

M. Luciani. — Je partage également cette manière de voir. Mais il semble que tout en maintenant ces dispositions, on pourrait tenir compte des objections formulées par le Ministre. L'article 18 ne prévoit pas en effet par qui sera prononcée la déchéance encourue par l'opposant qui n'aura pas fait l'avance des frais dans le délai de huitaine. On pourrait disposer que cette déchéance résultera d'un jugement de la Chambre des immatriculations. De cette façon, la décision serait entourée de toutes les garanties désirables. Je serais donc d'avis de modifier de la manière suivante la dernière phrase du premier alinéa de l'article 18 :

« *L'opposant qui n'aura pas fait l'avance des frais* « *dans le dit délai peut être déclaré déchu de ses droits* « *par décision de la Chambre des immatriculations.*

Cette modification est adoptée par la Commission. L'addition ainsi faite à l'article 18 rend inutile la dernière phrase de l'article 21 qui est en conséquence supprimée.

La seconde phrase de l'article 214 est renvoyée au règlement.

Article 215 — *Toute affaire soumise à la Chambre des immatriculations fait l'objet d'une décision rendue en audience publique, après délibération hors la présence des parties, solutionnant le litige ou la difficulté soulevée.*

Cet article est jugé inutile par la Commission.

Article 216. — *Les décisions rendues par la Chambre des immatriculations sont susceptibles d'opposition, d'appel et de pourvoi en cassation, conformément aux prescriptions indiquées dans le code de procédure civile, sauf lorsqu'il en sera ordonné autrement par la présente loi notamment dans les cas visés par les articles 44 bis et 98 ci-dessus.*

M. Maginot. — Je propose de supprimer cet article et de compléter l'article 204 par l'addition suivante :

« *Sous réserve des dispositions ci-après concernant* « *l'opposition, l'appel et le pourvoi en cassation.* »

Adopté.

M. Tédeschi. — En prévision des exceptions d'incompétence, je serais d'avis de compléter l'énumération des cas de révision prévus à l'article 23 du projet de la première commission par celui de l'incompétence.

M. Maginot. — Je ne crois pas que l'incompétence puisse servir de base à un pourvoi en révision. Je voterai donc contre cette proposition.

L'addition proposée par M. Tédeschi est adoptée par la majorité de la Commission.

Article 217. — *Lorsque la décision de la Chambre des immatriculations à été rendue par défaut, le greffier notifie cette décision par voie administrative à la partie défaillante et un récépissé lui en est retourné. La notification doit contenir la reproduction du dispositif de la décision rendue.*

Cet article est maintenu sans observation.

Article 218. — *L'opposition est recevable dans la quinzaine du jour où la partie défaillante a eu connaissance de la notification de la décision rendue. Elle est formée par lettre recommandée adressée au greffier où par déclaration verbale faite devant lui.*

Cet article est adopté sous réserve d'une légère modification de forme : les mots "*la partie défaillante a eu connaissance*" sont supprimés,

Article 219. — *L'affaire qui revient sur opposition est instruite et jugée par la Chambre des immatriculations de la même manière que les affaires ordinaires selon les règles prescrites par les articles 205 et suivants ci-dessus.*

Adopté à l'exception des mots "*selon les règles prescrites par les articles 205 et suivants ci-dessus*" qui sont supprimés.

Article 220. — *L'appel des décisions de la Chambre des immatriculations est recevable dans les trente jours de la date du jugement par les parties non défaillantes et, pour les parties défaillantes, dans les trente jours de la date à laquelle elles ont eu communication de la notification prescrite à l'article 217 ci-dessus. Il est formé par lettre recommandée adressée au greffier de la Chambre des immatriculations ou par déclaration verbale faite devant lui.*

M. Mallet. — Il ne me semble pas qu'on puisse faire appel d'un jugement rendu par défaut. Je serais donc d'avis de rédiger cet article de la manière suivante :

L'appel des décisions de la Chambre des immatriculations est recevable dans les trente jours de la notification du jugement faite en conformité de l'article 217 ci-dessus. Il est formé par lettre recommandée adressée au greffier de le Chambre des immatriculations ou par déclaration verbale faite devant lui.

Article 221. — *La procédure d'appel devant la Cour s'effectue d'après les mêmes règles que la procédure devant la Chambre des immatriculations conformément aux articles 205 à 215 ci-dessus. Il en est de même de la procédure de pourvoi en révision prévue aux articles 44 bis et 98 ci-dessus.*

Le Conseiller rapporteur est investi pour l'instruction de l'affaire des pouvoirs que les articles 208 et 209 accordent au Juge rapporteur.

Cet article est adopté après suppression des renvois aux articles de référence.

Article 222. — *L'opposition aux décisions de la Cour sera recevable dans les mêmes cas et de la même manière que l'opposition aux décisions de la Chambre des immatriculations.*

Adopté sans observation.

Article 223. — *Le pourvoi en cassation sera recevable dans les cas, dans les conditions et de la manière déterminés par le code de procédure civile.*

La Commission modifie la rédaction de cet article de la manière suivante afin de le rendre plus compréhensif :

« Le pourvoi en cassation sera recevable dans les « cas, dans les conditions et de la manière déterminée « par les lois de procédure. »

Article 224. — *L'exécution des décisions rendues par la Chambre des immatriculations et en appel par la Cour sera pratiquée dans les formes du droit commun, sauf lorsqu'il en aura été décidé autrement par la présente loi.*

La Commission estime qu'il est inutile de maintenir cet article dont les dispositions s'imposent sans qu'il soit nécessaire de les spécifier.

Elle aborde la discussion du titre VIII relatif à la procédure de la saisie immobilière.

M. Pouyanne. — Je propose à la Commission de substituer aux dispositions qui font l'objet de ce titre les articles 30, 31 et 32 du projet soumis à la Chambre, et de renvoyer au règlement d'administration publique pour les détails de la procédure.

M. Maginot. — Je serais d'avis, dans le cas où la proposition de M. Pouyanne serait adoptée, de reporter à la fin du chapitre, parce qu'il se termine par un renvoi au règlement d'administration publique, l'article 32 correspondant à l'article 225 du projet actuel.

M. Tédeschi. — L'article 32 me paraît au contraire devoir être placé, comme dans le projet actuel, en tête du chapitre. Il s'agit en effet de dispositions essentielles qui dominent toute la procédure. Je propose donc de substituer l'article 32 à l'article 225.

Adopté.

La séance est levée à 6 h. du soir.

Le Président, LUCIANI.

Le Secrétaire, MARIS.

17ᵉ SÉANCE

Séance du 9 janvier 1907

La séance est ouverte à 9 heures du matin.

Tous les membres sont présents.

M. MAGINOT. — Je crois devoir rappeler que l'article 31 du projet soumis à la Chambre, dont nous avons voté le maintien, a donné lieu à des observations de la part de M. le Ministre de la Justice. Ces observations tendent à prévenir les inscriptions fictives que les débiteurs menacés d'expropriation pourraient obtenir frauduleusement, en vue de se mettre à l'abri de la saisie immobilière.

M. LUCIANI. — Le Ministre ne critique pas notre texte. Il demande seulement que des pénalités soient prévues contre les auteurs de ces fraudes.

M. POUYANNE — L'article 232 de mon projet répond à l'observation du Ministre.

Cet article est ainsi conçu :

A partir de l'inscription de la décision ordonnant la vente, aucune inscription nouvelle ne peut être prise sur l'immeuble au cours de l'instance en expropriation.

Comme vous le voyez, il fait dépendre l'indisponibilité de l'immeuble de l'inscription de la décision de la Chambre des immatriculations ordonnant la vente. Ce système présenterait l'avantage de rendre toute fraude impossible et de n'immobiliser l'immeuble que dans le cas où il est certain que la vente sera poursuivie, c'est-à-dire dans la mesure où cela est indispensable. D'après l'article 31, l'indisponibilité commencerait à partir de l'inscription du commandement. Je vous signale cette différence entre l'article 31 et l'article 232.

M. Luciani. — De mon côté, je vous rappelle que l'article 90 du projet de la première Commission prévoyait que l'indisponibilité de l'immeuble ne peut commencer qu'après l'expiration d'un délai de 30 jours, à partir de la signification du commandement au débiteur. Nous nous trouvons donc en présence de trois systèmes différents.

M. Tédeschi. — J'estime, pour mon compte, que la procédure de la saisie immobilière devrait être beaucoup plus simple et plus rapide que ne le prévoient les divers textes proposés. A mon avis, la saisie devrait avoir lieu sur la simple présentation d'un titre exécutoire à la Chambre des immatriculation et sans qu'il soit nécessaire d'adresser de commandement. Le juge rapporteur ferait sommation au débiteur d'avoir à payer et huit jours après cette sommation, restée sans effet, il ferait établir le cahier des charges de l'adjudication. Après deux ou trois nouvelles sommations infructueuses, on vendrait et on procèderait à l'ordre. Cette procédure est celle qui est suivie dans la ville de Brême et que j'avais proposée à la première Commission, en raison des excellents résultats qu'elle donne dans la pratique. Mais elle a soulevé de telles objections au sein de la Commission que je n'ai pas cru devoir insister. Cependant, je persiste à lui accorder toutes mes préférences et je demande qu'elle soit adoptée.

M. Luciani. — Afin d'éclairer la discussion, je crois devoir vous donner lecture de la partie du procès-verbal de la première commission relative à la discussion dont l'article 90 a été l'objet (Voir pages 137, 138, 146 à 153, 154 et 155 du procès-verbal de la commission de 1901).

M. Pouyanne. — Toute la question consiste à savoir si la saisie immobilière devra être ordonnée par le juge rapporteur ou par la Chambre des immatriculations. Pour moi, je suis d'avis que, comme dans la loi allemande, elle ne doit avoir lieu que sur une décision de la Chambre des immatriculations.

M. Morand. — Ce serait attendre bien tard. Je crains que cette solution ne favorise les fraudes signalées par le Ministre de la Justice. Je préfère le système de l'article 31.

M. Mallet. — Je trouve l'article 31 trop rigoureux. L'article 90 du projet de la première commission me paraît préférable.

M. Luciani. — Le Ministre de la Justice a demandé que des pénalités soient prévues pour réprimer les fraudes qui pourraient être commises par les débiteurs. Mais je remarque que le créancier est très suffisamment armé par l'article 31 pour se protéger contre ces fraudes. Je ne vois même pas comment, en présence de ces dispositions, le débiteur pourrait en commettre. Il y aurait plutôt à en craindre de la part du créancier. Dans ces conditions, j'avoue ne pas distinguer très nettement le sens de l'observation formulée dans la lettre du Ministre.

M. Maginot. — Je partage la manière de voir de M. Luciani. Notre texte ne saurait au surplus être un arsenal de pénalités. Il me semble dès lors qu'il n'y a pas lieu de tenir compte des observations du Ministre sur ce point.

La Commission se rallie à cette opinion.

M. Mallet. — Je voudrais qu'un délai de trente jours fût accordé au débiteur avant l'inscription du commandement. Il serait nécessaire d'autre part, à mon avis, de la faire précéder d'une mise en demeure, car il peut y avoir des commandements vexatoires.

M. Luciani. — Cela me paraît inutile, car le débiteur est déjà averti. Il sait qu'à telle échéance, il devra s'acquitter de sa dette. D'ailleurs, l'inscription du commandement n'est pas un acte exécutoire, il constitue une simple mesure conservatoire. Dans ces conditions, je propose d'adopter l'article 31.

La commission se range à cette manière de voir.

M. Tédeschi. — Avant de clore la discussion de la procédure de la saisie immobilière, je voudrais appeler l'attention de la commission sur la nécessité d'insérer dans la loi certaines clauses essentielles. C'est ainsi, notamment, que le texte devrait indiquer les causes de résolution et de révocation qui pourront être exercées au cours d'une procédure de saisie immobilière. Je voudrais également que la loi imposât au juge l'obligation de mettre les intéressés en demeure de faire valoir leurs droits dans un délai déterminé.

M. Luciani. — L'article 93 du projet de la première commission répondait aux préoccupations de M. Tédeschi.

Je vous en donne lecture (*voir art. 93, page 25 de la brochure verte*).

M. Pouyanne. — Les dispositions que M. Tédeschi propose d'insérer dans la loi seraient certainement très utiles. Mais il est à craindre que l'on ne commette des oublis. Comment pourra-t-on, dès lors, mettre l'adjudication à l'abri de toutes les causes de résolution ?

M. Mallet. — Ces causes peuvent cependant être respectables. Si on n'admet pas qu'elles puissent s'exercer sans être prévues par la loi, ce sera la spoliation organisée.

M. Luciani. — Elles s'exerceront à la condition d'avoir été l'objet d'une inscription, car on ne saurait admettre qu'elles restent à l'état occulte. Ce serait contraire au principe de publicité qui constitue la base même du système Torrens.

M. Pouyanne. — Je ne crois pas, au fond, que des inconvénients bien graves puissent résulter du silence de la loi à l'égard des causes de résolution ou de révocation. Il est à remarquer, en effet, que l'adjudication sera précédée d'une large publicité qui permettra aux intéressés de faire valoir leurs droits.

M. Morand. — J'estime d'ailleurs que ces droits sont suffisamment sauvegardés par l'article 71 d'après lequel aucune cause de nullité, de rescision ou de résolution d'un contrat ne pourra être exercée à l'égard des tiers si elle n'a été inscrite ou si elle ne découle des clauses ou termes mêmes du contrat. Je crois donc inutile d'insérer de nouvelles dispositions à ce sujet dans la loi.

M. Tédeschi. — Je n'insiste pas davantage. Si j'ai cru devoir faire cette observation, ce n'est d'ailleurs qu'en vue de la préparation du règlement d'administration publique et afin que son rédacteur puisse s'en inspirer, s'il y a lieu.

M. Luciani. — C'est ainsi qu'au besoin, l'article 93 du projet de la 1re commission pourrait être inséré dans le règlement.

M. Pouyanne. — Je voudrais à mon tour proposer à la commission d'introduire dans la loi deux réformes que je considère comme essentielles.

Voici en quoi consiste la première : on sait que le créancier poursuivant, si aucun enchérisseur ne se présente, reste adjudicataire pour la mise à prix. Actuellement, en France, le créancier poursuivant fixe cette mise à prix aussi bas qu'il veut. En Allemagne, au contraire, cette mise à prix est égale à la somme de toutes les créances hypothécaires inscrites avant celle du débiteur poursuivi, de sorte que l'adjudicataire prend sur sa tête toutes ces hypothèques antérieures, c'est là ce qu'on appelle le principe de la *moindre enchère*. Le but de cette institution est d'empêcher les saisies inutiles, c'est-à-dire celles qui ne profitent pas en réalité au créancier poursuivant. Actuellement, il arrive assez fréquemment qu'un créancier, qui ne peut pas venir en ordre utile et qui ne touchera rien au jour de la distribution du prix, provoque néanmoins la procédure de saisie. Comme il fixe la mise à prix aussi bas qu'il veut, il ne court aucun risque. Avec le système allemand, il y regarde à deux fois avant de poursuivre parce qu'il s'expose, s'il reste adjudicataire, à prendre en charge toutes les créances antérieures. Il ne poursuit, dans ces conditions, que s'il suppose que le prix de vente couvrira les créances et laissera encore un reliquat d'une certaine importance à son profit. On évite ainsi un assez grand nombre de saisies.

J'ai pu me convaincre que, dans cet ordre d'idées, le régime actuel présente dans la pratique les plus graves inconvénients. D'un relevé que j'ai fait de toutes les saisies immobilières opérées au cours de l'année 1903 devant le tribunal de Blida, il résulte que sur ces saisies au nombre de 50, il y en a eu 12 à la suite desquelles le créancier poursuivant n'a rien touché. L'application du principe de la moindre enchère aurait pu empêcher ces saisies. Si la proportion a été la même dans les autres arrondissements, cela ferait environ de 150 à 180 saisies qu'on pourrait éviter en Algérie dans une seule année.

Le principe de la moindre enchère présenterait, en outre, l'avantage d'empêcher les gens d'emprunter au delà de leurs forces, car la faculté de s'endetter serait automatiquement limitée par la valeur de l'immeuble. Ce serait une institution analogue, en un certain sens, au régime du « home stead » que l'on veut introduire en France.

Les prêteurs seraient beaucoup plus circonspects s'ils savaient qu'ils s'exposent, en cas d'expropriation, à prendre en charge les créances antérieures, et un immeuble ne serait jamais grevé que pour une somme notablement inférieure à sa valeur réelle, car on tiendrait compte des moins values éventuelles. Ce serait un bien, car il arrive très fréquemment en Algérie que les colons s'endettent bien au-delà des forces de leur immeuble. Je puis notamment vous citer, parmi les saisies dont je viens de vous parler, le cas de deux propriétés vendues en 1903 à la barre du tribunal de Blida pour les prix respectifs de 57,000 et de 46,000 francs, la première était grevée de 101,000 francs d'hypothèques, la seconde de 122,000 francs.

M. Tédesco. — Je ne suis pas partisan de ce système. En premier lieu, il y a lieu de remarquer que la véritable valeur d'un immeuble est déterminée, non par les hypothèques qui le grèvent, mais par l'enchère. D'ailleurs, c'est un fait d'expérience que les mises à prix très basses attirent les acheteurs. D'autre part, il n'y a pas d'intérêt à empêcher la saisie immobilière parce qu'un immeuble grevé d'hypothèques ne s'améliore pas. Il faut au contraire favoriser son passage entre les mains d'un autre propriétaire, qui pourra le mettre en valeur. Il y aurait, au surplus, de sérieux inconvénients à imposer comme mise à prix la somme de toutes les créances antérieures, parce que la valeur de l'immeuble peut avoir baissé depuis l'époque à laquelle ces créances ont pris naissance. On risquerait ainsi de porter un préjudice considérable au créancier poursuivant. En dernier lieu, il serait à craindre que ce système ne favorisât les fraudes, en permettant au débiteur de consentir des hypothèques fictives, ce qui lui assurerait la jouissance de son bien au détriment du créancier.

M. Morand. — Je pense comme M. Tédeschi que la valeur réelle des immeubles est fixée par les enchères. Il n'y a donc pas lieu de prévoir une mise à prix minima.

M. Luciani. — C'est également mon avis. Il faut tenir compte, en effet, que très souvent, si le créancier ne touche rien, c'est que les enchères tournent contre ses prévisions, mais on ne saurait déduire de là qu'il a été de mauvaise foi et qu'il a poursuivi l'expropriation avec la certitude qu'il ne toucherait rien. On n'aboutirait en effet qu'à assurer une protection au débiteur de mauvaise foi.

M. Mallet. — Je crois qu'il serait bon que le tribunal fixât la mise à prix. Mais je reconnais que la question est délicate et j'hésite à me prononcer.

M. Pouyanne. — On a reproché au système Torrens de favoriser la ruine des propriétaires fonciers en leur permettant de se défaire trop rapidement de leurs propriétés. Cette disposition de la loi allemande parerait à cet inconvénient puisqu'elle les empêcherait de contracter des emprunts au delà de leurs moyens.

M. Luciani. — La question me paraît suffisamment discutée. Je vous consulte sur la proposition de M. Pouyanne.

A la majorité, la commission se prononce contre son adoption.

M. Pouyanne. — La seconde réforme que je voudrais voir consacrer par la loi concerne la purge des hypothèques qui suit une aliénation volontaire et celle qui accompagne la saisie immobilière. Actuellement, en cas de purge des hypothèques survenant après une aliénation volontaire ou en cas de vente sur saisie (qui opère purge), toutes les dettes hypothécaires deviennent exigibles qu'elles soient échues ou non. Ce remboursement immédiat change les conditions du contrat hypothécaire et il peut être préjudiciable aux créanciers lorsque les prêts qu'ils ont consentis constituent pour eux un bon placement. Il me paraît utile de décider que seules les dettes échues deviendront exigibles par le fait de la purge et que le nouveau propriétaire ou l'adjudicataire devra se charger personnellement des dettes non exigibles. Si vous me le permettez, je vais d'ailleurs vous donner lecture des commentaires par lesquels M. Challamel justifie cette innovation qui a été adoptée dans le projet établi par la commission du cadastre.

M. Tédeschi. — Je considère, pour ma part, comme excellent le système actuel qui permet le remboursement immédiat des créances. Nous devons en effet profiter de toutes les occasions qui se présentent pour purger les immeubles des hypothèques qui les grèvent, car ces hypothèques nuisent à leur bonne exploitation, tout en ne leur donnant qu'une valeur fictive.

M. Morand. — Il s'agit d'une modification à apporter au Code Civil qui ne découle pas nécessairement du système Torrens. Je serais donc d'avis de ne pas soulever cette question.

M. Luciani. — J'estime, de mon côté, que le système proposé par M. Pouyanne ne pourrait que favoriser les acquisitions par des personnes qui n'ont pas les moyens de payer. Dans ces conditions, je pense, comme M. Morand, qu'il vaut mieux s'en tenir au droit commun.

La majorité de la commission se prononce dans ce sens.

M. Tédeschi. — Je voudrais à mon tour exposer mon opinion au sujet du règlement de l'ordre après la réalisation de l'immeuble. L'acquéreur devrait, selon moi, être tenu de déposer immédiatement après l'adjudication, ou dans un délai à déterminer, son prix à la Caisse des Dépôts et Consignations. J'avais déjà proposé à la première commission d'adopter ce système qui est pratiqué dans la ville de Brême, mais je n'ai pas réussi à faire admettre ma proposition. On m'a opposé que l'acquéreur pourrait ne pas disposer des fonds nécessaires pour se conformer à cette obligation et qu'il convient de l'autoriser à laisser subsister les anciennes inscriptions et à faciliter des subrogations. Cette objection ne saurait à mon avis entrer en balance avec les avantages que présenterait le régime que je viens d'indiquer. Ce qui occasionne aujourd'hui la difficulté de connaître la véritable valeur des immeubles, c'est la confusion que présentent les états d'inscription des droits dont ils sont grevés. Même pour des personnes exercées, il est très difficile d'établir la situation hypothécaire d'une propriété. Avec mon système, ces difficultés disparaissent complètement. Après l'adjudication, on ouvrirait pour l'immeuble un feuillet vierge de toute inscription. Cette innovation aurait pour effet de rendre les avantages du système Torrens beaucoup plus efficaces et plus complets.

M. Luciani. — La proposition de M. Tédeschi a déjà été examinée par la première commission qui n'a pas cru devoir s'y rallier. Je vais d'ailleurs vous donner lecture de la discussion dont elle a été l'objet au sein de cette commission. (Voir procès-verbaux, pages 160 et 161.)

Je crois que nous ne pouvons pas revenir sur une

question qui a été écartée pour des motifs qui me paraissent des plus sérieux.

M. Pouyanne. — Je pense que les raisons qui vous ont fait écarter, il y a un instant, ma proposition tendant au maintien, après la vente, des hypothèques préexistantes à l'adjudication s'opposent également à l'adoption de la motion présentée par M. Tédeschi. J'estime d'ailleurs que les arguments qui avaient été invoqué à son encontre justifient entièrement la décision de la première commission. Il est certain que si l'on exigeait le versement du prix immédiatement après la vente, on écarterait en Algérie, où la fortune est rare, presque tout le monde des adjudications.

La proposition de M. Tédeschi n'est pas adoptée.

M. Tédeschi. — J'aurais une autre observation à présenter.

Lorsque le prix de l'immeuble est déposé à la Caisse des Dépôts et Consignations par une personne, celle-ci peut, sur le vu de l'ordonnance de validité du dépôt qui lui est délivrée par le juge commissaire, obtenir du Conservateur des hypothèques la radiation de toutes les inscriptions prises sur l'immeuble. Mais, par suite d'une lacune de notre droit, cette personne peut obtenir le retrait de la somme déposée sans que les anciens créanciers hypothécaires en soient instruits. De sorte que ceux-ci se trouvent dépourvus de tout recours. Pour remédier à ce danger, il faudrait que le prix ne pût être retiré par le déposant sans le concours des créanciers inscrits. Il conviendrait donc de prévoir une disposition à cet effet.

M. Luciani. — La question signalée par M. Tédeschi est certainement des plus intéressantes. Mais il ne semble pas que nous ayons à nous en occuper, puisque la Commission n'a pas admis l'obligation du dépôt du prix d'adjudication. Je suis donc d'avis qu'il n'y a pas lieu de la retenir.

La Commission se rallie à cette manière de voir.

M. Pouyanne. — Ne pensez-vous pas, Messieurs, qu'il serait nécessaire de spécifier dans la loi qu'en matière d'ordre, il n'y aura ni contredit, ni appel. Une disposition a été insérée dans ce sens au projet actuel (article 259). La première Commission avait également prévu le cas à l'article 107 de son projet.

La Commission décide l'incorporation dans la loi de l'article 107 du projet de la première Commission, après en avoir supprimé le mot « *Toutefois.* »

Les articles 229 à 267 du projet sont écartés comme se rapportant à des détails de procédure qui pourront prendre place dans le règlement d'administration publique.

M. Pouyanne. — Je voudrais soumettre une autre proposition à la Commission. Le projet que nous venons d'élaborer dispose que les transmissions après décès des immeubles immatriculés détenus par des indigènes seront soumises aux règles de la loi successorale musulmane. Or, comme vous le savez, la loi musulmane crée une indivision préjudiciable à la clarté juridique des immeubles. Pour remédier à cet inconvénient, je voudrais qu'on insérât dans la loi une disposition autorisant, lorsque le partage d'un immeuble possédé par des musulmans serait demandé, la radiation de tous les droits correspondants à une somme inférieure à 100 francs, par exemple, sauf remboursement de leur valeur par les détenteurs de droits plus importants. De cette façon, on débarrasserait les immeubles d'une multitude de droits infinitésimaux sans utilité pratique pour leurs titulaires, mais qui gênent considérablement, sans profit pour personne, les co-propriétaires possédant des parts correspondant à une surface réellement utilisable.

M. Luciani. — La proposition de M. Pouyanne est très séduisante, mais je ne crois pas qu'elle serait accueillie par le Parlement. Ce serait attaquer par le petit côté le principe du maintien de la loi musulmane qui, à mon avis, doit être accepté ou écarté sans restriction. D'ailleurs, pourquoi les droits de faible valeur seraient-ils sacrifiés ?

M. Mallet. — Sans qu'il soit nécessaire de faire intervenir la loi, on pourrait se borner, comme on l'a fait pour la loi du 16 février 1897, à prescrire aux agents chargés de procéder à l'immatriculation de négliger les droits infinitésimaux.

M. Maginot. — Je suis un de ceux qui regrettent que l'on ait abandonné la solution qui avait été à un moment admise et qui consistait à soumettre définitivement à la loi française tout immeuble immatriculé. Je ne perds, d'ailleurs, pas l'espoir qu'un nouveau texte viendra, après que l'expérience aura révélé les inconvénients du système adopté par la Commission, obliger les musulmans à renoncer à leur statut successoral, lorsqu'ils voudront bénéficier des avantages du nouveau régime. Mais, du moment que la solution contraire a prévalu, j'estime que nous ne devons pas chercher à revenir sur cette décision. Comme M. Luciani, qui reconnaît que cette question ne doit pas être abordée incidemment par un petit côté, je voterai, malgré les réserves que je viens de faire, contre la proposition de M. Pouyanne.

La majorité de la Commission se prononce dans ce sens.

Les deux articles du projet relatifs au fonds d'assurance sont adoptés avec une légère modification, ces articles sont ainsi conçus :

Article.... — *Il est institué un fonds d'assurance destiné à indemniser celui qui se trouverait lésé par l'immatriculation d'un immeuble ou par l'inscription d'un droit réel.*

Article.... — *Les demandes à fin d'indemnité seront portées devant la Chambre des immatriculations. Elle ne seront recevables contre le fonds d'assurance qu'autant que le demandeur aura discuté au préalable les auteurs directs du dommage.*

La Commission aborde le chapitre des pénalités.

M. Tédeschi. — Nous étions divisés sur le point de savoir si l'amende à infliger aux personnes qui ne se rendraient pas aux convocations adressées par le Conservateur serait prononcée par ce dernier ou par le Juge de paix. Je serais d'avis de donner ce pouvoir de répression au juge rapporteur seul.

M. Mallet. — Si l'amende ne devrait être infligée que sur la constatation d'un fait matériel, il n'y aurait pas d'inconvénient à ce qu'elle fût appliquée par le Conservateur. Cette amende serait recouvrée comme en matière d'enregistrement. Mais, en fait, l'appréciation des motifs qui auront empêché les personnes convoquées de se rendre à cette convocation soulèvera des difficultés qu'il vaut mieux laisser trancher par un juge.

M. Luciani. — Il semble que le mieux serait de réserver à la Chambre des immatriculations seule le pouvoir de prononcer ces amendes.

La Commission se rallie à cette opinion. En conséquence, elle décide d'insérer dans la loi l'article suivant :

Article.... — *Seront punis d'une amende qui ne pourra excéder 100 fr. les personnes qui, convoquées par le Conservateur ou le Juge rapporteur, ne se seront pas rendues à cette convocation. Cette amende sera prononcée par la Chambre des immatriculations.*

L'article 36 du projet soumis à la Chambre, après avoir subi une légère modification de forme, est rétabli. Cet article est ainsi conçu :

Article.... — *Ceux qui font immatriculer à leur profit un immeuble dont ils savent n'être pas propriétaires ou pratiquer à leur profit une inscription à laquelle ils savent n'avoir pas droit, seront punis d'une peine de six mois à trois ans de prison et de 50 à 10,000 francs d'amende.*

Ceux qui forment au cours d'une immatriculation des oppositions dans un but de vexation ou de chantage, alors qu'ils savent n'avoir aucun droit sur l'immeuble qui fait l'objet de la demande, seront punis d'une peine de 8 jours à 3 mois de prison et de 16 à 500 francs d'amende. Cette peine pourra être prononcée par la Chambre des immatriculations chargée de statuer sur les oppositions soulevées par la demande.

La Chambre des immatriculations pourra également statuer sur les dommages intérêts demandés par le requérant.

Les personnes ayant formé des pourvois en révision dans un but de vexation ou de chantage pourront également être condamnées à la peine de 8 jours à 3 mois de prison et à celle de 16 à 500 francs d'amende.

La création de bons hypothécaires fictifs par collusion entre propriétaires et créanciers s'entendant pour exagérer la valeur de la propriété hypothéquée, sera punie, pour les personnes qui y auront participé, des peines portées à l'article 405 du code pénal.

L'article 463 du code pénal, ainsi que la loi de sursis, sont applicables aux peines prévues par le présent article.

La commission décide d'insérer dans la loi l'article final ci-après :

Article...... — *Un règlement d'administration publique déterminera les conditions d'application de la présente loi*

M. Luciani. — En raison du court-délai qui nous a été imparti pour l'examen d'un projet aussi vaste, j'estime qu'il sera nécessaire de nous réunir encore une fois, lorsque les procès-verbaux et le projet auront été mis au net, afin d'examiner s'il n'y aura pas lieu d'apporter certaines modifications au texte que nous venons d'arrêter.

En attendant, je vous exprime, Messieurs, au nom de M. le Gouverneur Général, tous mes remerciements pour le concours assidu et éclairé que vous avez bien voulu prêter à l'Administration en cette circonstance. Ces remerciements s'adressent tout particulièrement à M. Pouyanne dont le projet si étudié et si complet a servi de bases à nos travaux. Je ne veux pas non plus oublier notre distingué secrétaire, M. Maris, qui s'est attaché à reproduire avec un soin si parfait nos trop longues discussions ; il a mis dans ce travail la précision et la clarté dont il a l'habitude et auxquelles nous sommes heureux de rendre hommage.

La séance est levée à 11 h. 1/2.

Le Président.	*Le Secrétaire.*
LUCIANI.	**MARIS.**

18e SÉANCE

Séance du 20 février 1907

La séance est ouverte à 2 heures du soir.

Tous les membres sont présents à l'exception de M. Morand, excusé.

M. LUCIANI. — Suivant les instructions que nous lui avions données, M. Maris a procédé au classement et à la mise au net des articles adoptés par la commission. A la suite de ce travail, le projet de loi s'est trouvé réduit à 120 articles répartis en neuf titres, savoir :

Titre I. — Dispositions générales (art. 1 à 5).

Titre II. — De l'Immatriculation (art. 6 à 46).

Titre III. — De la publicité des droits réels et de la force probante des registres fonciers (art. 47 à 69).

Titre IV. — Du régime hypothécaire (art. 70 à 94).

Titre V. — Responsabilité du Conservateur (art. 95 à 98).

Titre VI. — De la Chambre des immatriculations (art. 99 à 111).

Titre VII. — De la saisie immobilière, de l'ordre, des autres ventes judiciaires et de la purge des hypothèques (art. 112 à 115).

Titre VIII. — Du Fonds d'assurance (art. 116 et 117).

Titre IX. — Des pénalités (art. 118 et 119).

L'article 120 prévoit qu'un règlement d'administration publique déterminera les conditions d'application de la loi.

J'ai remarqué qu'un certain nombre de titres sont divisés en sections tandis que d'autres le sont en chapitres. Je pense qu'il vaudrait mieux, dans un intérêt d'uniformité, adopter pour ces subdivisions la dénomination unique de *chapitres*.

Je serais d'avis, d'autre part, de supprimer dans l'intitulé du chapitre 1er du titre III les mots « *obligations* » ainsi que la rubrique « § *1er*. — *Dispositions générales* » qui n'a pas sa raison d'être, étant donné que ce chapitre n'a qu'un seul paragraphe.

M. Mallet. — De mon côté, je propose de supprimer les mots « *et effets* » parce que les effets de l'inscription sont indiqués plus loin.

Ces diverses propositions sont adoptées par la Commission.

M. Luciani. — Indépendamment des observations de forme que je viens de formuler, je voudrais saisir la Commission de la question suivante : Le dernier alinéa de l'article 6 du projet dispose qu' « *en terrain* « *arch, les pièces et justifications à produire à l'appui de* « *la requête seront remplacées par une décision admi-* « *nistrative autorisant le possesseur de l'immeuble à* « *requérir l'immatriculation.* »

Cette autorisation suffira-t-elle pour que l'immatriculation puisse être effectuée? Je ne le pense pas, car il sera indispensable de faire précéder l'établissement du titre de formalités protectrices des droits des tiers. Mais comment sera organisée cette procédure préalable ? Sera-t-elle la même que pour les autres immeubles ? Je crois qu'il y aurait de sérieux inconvénients à adopter une telle solution. D'une part, en effet, la procédure prévue pour les immeubles de propriété privée ou soumis au Code civil se concilierait mal avec le régime spécial des terres collectives qui, comme vous le savez, se caractérise notamment par l'attribution à l'autorité administrative de la connaissance de tous les litiges dont ces terres peuvent faire l'objet.

D'autre part, il y a tout intérêt à ce que la procédure se fasse par les soins de l'Administration, comme cela a lieu actuellement pour les enquêtes partielles effectuées en territoire collectif dans les conditions de la loi du 16 février 1897. Cette loi donne des résultats très satisfaisants pour cette categorie d'immeubles alors que pour les terres de propriété privée ou melk on a presque renoncé à recourir à son application. Cela tient à ce que toutes les contestations qui se produisent au cours des enquêtes portant sur des immeubles melk sont jugées par les tribunaux judiciaires. Il en résulte des longueurs et des frais qui découragent les plus résolus. C'est pourquoi il me paraît nécessaire d'introduire dans le projet une disposition prévoyant que, pour les terres de propriété collective, la procédure d'immatriculation se fera tout entière par les soins de l'Administration.

M. Tédeschi. — On pourrait décider que cette procédure sera celle de la loi du 16 février 1897, pour les terres collectives, puisque dans la pratique elle a donné d'excellents résultats.

M. Luciani. — Je suis partisan d'adopter une procédure analogue à celle de la loi de 1897, mais je crois qu'il y aurait des inconvénients à décider qu'elle sera identique car ce serait fermer la porte aux améliorations qui pourront être apportées à cette législation.

M. Mallet. — La procédure établie par la loi de 1897 devrait d'ailleurs être modifiée de manière à ce qu'il n'existe entre la clôture de l'enquête et l'immatriculation aucun intervalle pendant lequel des droits nouveaux pourraient se créer. Pour ma part je serais d'avis de supprimer le dernier alinéa de l'article 6 et d'insérer un article spécial aux terres arch à la suite de la procédure d'immatriculation applicable aux immeubles de propriété privée.

M. Pouyanne. — Je pense qu'il vaudrait mieux, au contraire, ne prévoir qu'une procédure unique et laisser à la Chambre des immatriculations le pouvoir de statuer sur toutes les contestations que peuvent soulever les demandes d'immatriculations, quelle que soit la nature du terrain auquel elles s'appliqueront. La procédure devant la Chambre des immatriculations sera en effet moins coûteuse et plus rapide que devant tout autre juridiction. Au surplus, je voudrais que la loi du 16 février 1897 fût expressément abrogée par le nouveau régime puisque celui-ci constitue à l'heure actuelle le système foncier le plus perfectionné.

M. Luciani. — La procédure administrative pourra être aussi rapide que celle qui sera suivie devant la Chambre des immatriculations tout en étant moins coûteuse puisqu'elle sera gratuite. J'estime d'ailleurs que l'Administration est mieux outillée que ne le serait la nouvelle juridiction pour examiner les litiges auxquels pourront donner lieu des demandes d'immatriculation.

En effet, l'Administration dispose d'agents (administrateurs, topographes) qui, se trouvant constamment sur les lieux, seront mieux à même de l'éclairer que les experts auxquels la Chambre devrait recourir. Dans ces conditions, je me rallie à l'avis exprimé par M. Mallet et je propose de rédiger de la manière suivante le nouvel article à insérer à la suite de la procédure générale d'immatriculation :

« *En ce qui concerne les immeubles de propriété*
« *collective, l'immatriculation sera opérée au vu d'une*
« *décision administrative rendue après une enquête*
« *dont les formes seront déterminées par le règlement*
« *d'administration publique prévu à l'article 120.* »

Adopté.

M. Pouyanne. — Je voudrais, de mon côté, formuler une observation. Il me semble que le projet présente une lacune : il ne contient en effet aucune disposition concernant les partages et les licitations dans lesquels des indigènes seraient intéressés. Ce cas peut se produire soit au cours de la procédure d'immatriculation, soit postérieurement à l'établissement du titre. Lorsqu'il se présentera, devra-t-on opérer d'après une procédure nouvelle ou suivra-t-on celle prévue par l'article 17 de la loi du 16 février 1897 (1). J'estime qu'il y aurait de sérieux inconvénients à adopter cette dernière solution car l'article 17 est inapplicable en pratique.

Il comporte, en effet, un tel luxe de formalités et entraîne des frais si élevés, qu'il présente des inconvénients aussi graves que ceux auxquels il avait pour objet de remédier. Le seul effet de cet article a été de rendre les propriétés indigènes indisponibles en les plaçant hors du commerce. A mon avis, il conviendrait de le modifier dans le sens des conclusions adoptées par la Commission chargée en 1898 de rechercher les moyens d'assurer la protection de la propriété indigène. Cette Commission avait demandé qu'en aucun cas, la licitation ne puisse avoir lieu contre le gré de la majorité des co-propriétaires et que les frais de la procédure fussent toujours supportés exclusivement par le demandeur (Voir procès-verbaux, p. 143). C'est là une modification qui s'impose, car si actuellement il est très difficile d'obtenir la licitation d'un immeuble rural appartenant pour moitié au moins à des indigènes musulmans, les créanciers tournent la difficulté en procédant par voie de saisie immobilière, ce qui aboutit à l'expropriation de tous les co-propriétaires sans que ceux-ci retirent aucun profit de l'opération. A l'appui de cette affirmation, je pourrais citer plusieurs ventes

---

(1) Voici le texte de l'article 17 de la loi du 16 février 1897 :

« Lorsque le partage ou la licitation d'un immeuble rural dont la moitié au moins appartient à des indigènes musulmans sera demandé, soit par un co-propriétaire, soit par le tuteur, curateur ou créancier de l'un des co-propriétaires, le tribunal attribuera, si faire se peut, une part de l'immeuble représentant ses droits : si l'immeuble n'est pas commodément partageable, l'article 827 du Code Civil ne sera pas applicable.

Dans ce cas, le partage sera fait entre familles, et un ou plusieurs co-propriétaires de la part affectée à la famille dont fait partie le demandeur auront le choix ou d'accepter la licitation ou de lui payer une somme d'argent représentant la valeur de ses droits sur l'immeuble. A défaut d'entente amiable entre les co-propriétaires de la part revenant à une même famille, cette somme sera arbitrée par le tribunal, dont le jugement contiendra condamnation solidaire des défendeurs au paiement de la dite somme avec les intérêts et les frais.

Les jugements rendus en cette matière ne seront susceptibles ni d'opposition ni d'appel.

qui ont eu lieu dans ces conditions dans l'arrondissement de Blida.

M. Tédeschi. — Je ne puis que confirmer les renseignements que vient de donner M. Pouyanne au sujet des inconvénients que présente l'application de l'article 17 de la loi du 16 février 1897. Personnellement, j'ai eu à l'appliquer dans deux circonstances. Dans chacune d'elles, la procédere a été extrêmement longue et coûteuse et a abouti au partage des immeubles en parcelles ayant une configuration telle qu'il est impossible de les mettre en culture. J'estime, pour ma part, que la licitation est préférable lorsque le partage ne peut être commodément effectué, car elle fait sortir l'immeuble de l'indivision et permet de le faire passer aux mains d'une personne qui saura les mettre en valeur. Je n'ignore pas que cet article a eu pour objet de remédier aux licitations scandaleuses qui s'étaient produites dans certaines régions de l'Algérie, mais je crois qu'il eût été préférable de sévir contre les officiers ministériels qui en avaient bénéficié, car il présente des inconvénients plus graves encore que ceux qui existaient auparavant. J'estime donc que l'application de l'article 17 aux immeubles immatriculés aurait des conséquences néfastes pour la colonisation.

M. Mallet. — Les exemples cités par MM. Pouyanne et Tédeschi sont des cas exceptionnels dont on ne saurait s'étonner outre mesure, étant donné le caractère occasionnel des dispositions de l'article 17. Mais il faut reconnaître que, si cet article peut présenter des inconvénients, il a, par contre, pleinement atteint le but visé par le législateur, puisque, depuis son application, les procédures de licitation sont devenues extrêmement rares.

M. Luciani. — J'estime, comme M. Mallet, que l'article 17 a produit les résultats qu'en attendait le Parlement. Il a permis d'empêcher les indigènes d'être dépossédés de leurs terres à la faveur de procédures contre lesquelles ils étaient entièrement désarmés. Dans ces conditions, il me semble qu'il n'y a pas lieu de modifier sur ce point la loi du 16 février 1897. Je ferai d'ailleurs remarquer que l'article 112 de notre projet dispose que la procédure de licitation des immeubles immatriculés sera déterminée par le règlement d'administration publique. Lorsque le moment sera venu d'élaborer ce règlement, on examinera s'il convient d'organiser une procédure de partage et de licitation spéciale pour les immeubles immatriculés appartenant en totalité ou en partie à des indigènes.

M. Tédeschi. — Je ne vois pas d'inconvénient à ce que cette question soit solutionnée par le règlement d'administration publique, mais il me paraît indispensable de compléter à cet effet l'article 112 par le mot « *partager* » qui ne figure pas dans l'énumération des procédures que ce règlement aura à organiser.

La Commission se rallie à cette manière de voir. Elle adopte, en outre, pour la première phrase de l'article 112, la rédaction suivante qui est plus compréhensive que celle du projet primitif :

Article 112. — *Les dispositions législatives qui régissent actuellement la procédure des saisies immobilières, des partages, des licitations, des autres ventes judiciaires, des purges des hypothèques et des ordres ne sont pas applicables aux immeubles immatriculés* . . . .

M. Tédeschi. — Je voudrais que, lorsque le moment sera venu d'élaborer la procédure d'ordre, on écartât la procédure d'attribution qui est extrêmement défectueuse.

M. Luciani. — Votre observation sera insérée au procès-verbal afin qu'il en soit tenu compte par les rédacteurs du règlement d'administration publique.

Je désirerais maintenant proposer d'apporter quelques corrections de forme à un certain nombre d'articles du projet.

L'article 17 renferme la phrase ci-après :

. . . .

« *Elles contiennent déclaration de l'hypothèque légale ou du privilège général, demande à les faire spécialiser* . . . . »

La rédaction suivante me paraîtrait préférable :

« *Elles contiennent . . . . demande de spécialisation . . . . . .* »

La commission adopte cette rédaction.

Elle supprime les mots « *à peine de déchéance* » dans l'avant dernière phrase du premier alinéa de l'article 24. Ces mots font en effet double emploi avec les dispositions contenues dans la dernière phrase du même alinéa.

La commission remplace, d'autre part, dans l'article 51, le mot « *judiciaire* » qui termine le 1er alinéa, par les mots suivants « *de la Chambre des immatriculations* ».

M. Maginot. — J'aurai une observation à présenter au sujet de l'article 79 ci-après :

« *La détermination et l'inscription de l'hypothèque*
« *de la femme pourront être requises à toute époque par*
« *ses héritiers ou par ses parents, alliés ou créanciers.* »

Je vois des inconvénients à ce que des tiers puissent intervenir même contre le gré de la femme, pour obtenir l'inscription d'une hypothèque sur les biens du mari. Il pourra arriver que cette inscription soit requise par animosité à l'égard du mari et il en résultera des troubles dans les relations des époux.

C'est pourquoi je serais d'avis de supprimer l'article 79.

M. Tédeschi. — Les inconvénients signalés par M. Maginot me paraissent moins graves que ceux qui résulteraient de la suppression de cette disposition. Il n'est pas mauvais qu'on puisse intervenir à la place de la femme mariée, car généralement celle-ci est incapable de défendre elle-même ses intérêts. Je ne vois donc que des avantages à maintenir l'article 79.

M. Mallet. — Je partage la manière de voir de M. Tédeschi car il s'agit de protéger la femme contre sa propre faiblesse.

M. Luciani. — Je remarque, d'autre part, que l'article 79 fait double emploi avec l'article 85 ci-après :

« *La détermination et l'inscription de l'hypothèque* « *forcée de la femme pourront être requises à toute* « *époque durant le mariage et pendant un an, à partir* « *de sa dissolution, par la femme ou ses ayants cause* « *dans les formes prévues par l'article 77.* »

La rédaction de ce dernier article me paraissant plus précise, je serais d'avis de la maintenir et de supprimer l'article 79.

Adopté.

La Commission écarte l'article 87 ci-après, qui devient sans objet par suite de la suppression des articles 263, 264 et 266 du projet primitif auxquels il se réfère.

Article 87. — *En matière d'ordre, la radiation est opérée par le Conservateur de la manière indiquée au titre VIII de la présente loi, articles 263-264 et 266.*

M. Luciani. — L'article 101, sauf en ce qui concerne la première phrase, fait double emploi avec l'article 24. Je propose donc de supprimer la partie suivante de l'article 101 :

« *Ce juge peut ordonner toutes mesures d'instruc-* « *tion utiles.*

« *Dans le cas où une opposition à l'immatriculation* « *lui paraît vexatoire, il peut, par ordonnance non* « *susceptible de recours, évaluer les frais nécessaires* « *pour la vider et obliger l'opposant à en faire l'avan-* « *ce dans un délai de huit jours, sous peine de dé-* « *chéance.* »

La Commission adopte cette proposition. Toutefois, elle modifie la rédaction de la partie maintenue de la manière suivante :

Article 99. — *Les affaires portées devant la Chambre des immatriculations sont instruites par un juge rapporteur dans les conditions prévues aux articles 23, 24 et 26.*

M. Luciani. — Je propose de supprimer également l'article 102 qui est la reproduction de l'article 29.

Adopté.

La séance est levée à 6 heures.

Le Président,
LUCIANI.

Le Secrétaire,
MARIS.

ANNEXES

MINISTÈRE DES FINANCES

CONTRÔLE DES ADMINISTRATIONS FINANCIÈRES

PROJET DE LOI
sur l'Immatriculation de la Propriété foncière

Paris, le 15 Janvier 1906.

LE MINISTRE DES FINANCES,

A MONSIEUR LE MINISTRE DE L'INTÉRIEUR,

(Cabinet du Ministre, Service de l'Algerie)

Par une dépêche du 29 décembre dernier, vous avez bien voulu me demander mon avis au sujet du projet de loi tendant à l'immatriculation de la propriété foncière en Algérie, qui a été déposé par votre prédécesseur sur le bureau de la Chambre des Députés le 8 novembre 1905.

En ce qui concerne les modifications à apporter au statut de la propriété immobilière en Algérie comme conséquence de la création des livres fonciers et de la valeur légale qu'on propose d'attribuer aux indications de ces registres, la réforme dont il s'agit est d'ordre purement civil, et son examen à ce point de vue rentre plus spécialement dans les attributions de notre collègue de la Justice.

Il n'y a que les points suivants qui comportent quelques obversations de la part de mon département.

1° Détermination physique de la propriété

L'immatriculation comporte des opérations de deux natures distinctes : la détermination physique et la détermination juridique de la propriété.

La détermination physique de la propriété est l'opération fondamentale, et on peut s'étonner qu'il n'en soit pas fait mention dans le projet de loi. Le rédacteur aura sans doute voulu laisser au règlement d'Administration publique le soin de déterminer les conditions dans lesquelles il serait procédé à cette opération. Mais, de toute façon, il paraîtrait nécessaire d'en poser le principe et d'en fixer les règles essentielles dans la loi elle-même.

Quoi qu'il en soit, d'après le commentaire annexé au texte proposé, la détermination physique de la propriété devrait comprendre, dans l'intention de l'auteur du projet, non seulement le lever du plan des immeubles mais encore le bornage de leurs limites.

Le bornage sera d'une utilité incontestable : il ne rendrait cependant tous les services que l'on pourrait en attendre, au point de vue de l'immatriculation, que s'il était précédé d'une délimitation juridique et contradictoire, laquelle définirait et individualiserait la propriété par la reconnaissance de son périmètre, que la pose de bornes aurait simplement pour effet de matérialiser ensuite sur le terrain.

La délimitation contradictoire est, en effet, le préliminaire indispensable de la confection du plan qui doit servir de base à l'immatriculation, et elle paraît d'autant plus nécessaire en Algérie que les limites des propriétés doivent y être plus indécises.

Son importance apparaît plus grande encore si l'on considère que l'immatriculation et tous les travaux qui s'y rattachent constitueront, non pas des opérations d'ensemble, mais autant d'opérations partielles laissées à l'initiative des intéressés qui les feront exécuter à leur heure et suivant leur convenance. Il importe, ce me semble, de mettre obstacle aux empiètements que des propriétaires peu scrupuleux pourraient tenter de faire consacrer par le livre foncier et qui seraient de nature à donner naissance, par la suite, à des actions en revendications.

Le projet prévoit bien l'institution d'un fonds d'assurance destiné à indemniser les tiers qui se trouveront lésés par l'immatriculation d'un immeuble ; mais on pourrait alléger les charges de ce fonds d'assurance en mettant dès le début les propriétaires voisins de l'immeuble à immatriculer en mesure de discuter la position de ses limites, lesquelles pourraient être considérées comme défintives après l'immatriculation.

Ce résultat serait obtenu par la délimitation contracdictoire dont le principe aurait peut-être pu prendre place dans le projet de loi. (1)

Enfin, au point de vue technique, il sera peut-être difficile de raccorder ultérieurement les plans qui auront été établis indépendamment les uns des autres. Une même limite, levée à des époques différentes, pourra n'être pas représentée d'une manière identique sur les plans des deux propriétés qu'elle séparera, soit à cause d'une faute de l'opérateur, soit parce que les bornes auront été déplacées frauduleusement ou par accident. Les divergences constatées pourront entraîner des difficultés qu'il serait possible d'éviter en établissant des réseaux de bornes-repères auxquelles seraient rattachées celles qui marquent les limites des propriétés, et qui permettraient de rétablir sur le terrain, à toute époque, la position exacte de ces dernières.

II.— Responsabilité du Conservateur de la propriété foncière.

L'article 35 du projet de loi porte : « Un règlement d'Administration publique déterminera..... 3° les pouvoirs, la compétence et la responsabilité du Conservateur de la propriété foncière.........»

S'il paraît possible d'abandonner au pouvoir réglementaire le soin de déterminer la marche et les détails de la procédure d'immatriculation (article 35 1°), les formes à observer pour l'établissement des titres, la tenue des livres fonciers (article 35 2°), la constitution et l'inscription des hypothèques et des bons hypothécaires (article 35 4°), il ne me semble pas que le même pouvoir doive être appelé à trancher une question de principe aussi grave que celle de la responsabilité du Conservateur et il serait désirable que cette question fût résolue directement par la loi comme elle l'a été en matière hypothécaire, par le Code Civil lui-même (article 2.196 et suivants).

---

(1) Le principe de la délimitation obligatoire a été introduit dans la législation métropolitaine par la loi du 17 mars 1898 sur le renouvellement du cadastre. Il a été maintenu également dans le projet de réfection générale par la Commission extraparlementaire du cadastre.

III. — Détermination des frais auxquels donnera lieu l'exécution de la loi.

D'autre part, l'article 36 du projet dispose que « les « frais de quelque nature qu'ils soient, nécessités par le « fonctionnement de la loi, les appointements et rétri- « butions de toute nature dus aux fonctionnaires qui « y collaborent, les honoraires dus aux officiers « ministériels qui passeront des actes relatifs aux « immeubles immatriculés, seront déterminés par « arrêté du Gouverneur général. »

Dans sa généralité, ce texte pourrait être interprété comme visant le régime fiscal des nouvelles formalités. Or, il n'appartient pas au pouvoir exécutif, mais exclusivement au pouvoir législatif, dont le fonctionnement est réglementé pour la colonie par l'article 10 de la loi du 19 décembre 1900 portant création d'un budget spécial pour l'Algérie, de statuer en pareille matière. Par suite, il ne semble pas possible de déterminer d'ores et déjà dans la loi le montant des droits au profit du Trésor auquel donneront lieu les diverses formalités du régime nouveau, il serait nécessaire de spécifier que l'exigibilité et le taux de ces droits seront ultérieurement fixés en la forme prescrite pour les créations, suppressions ou modifications d'impôts.

Signé : Merlou.

MINISTÈRE DE LA JUSTICE

Paris, le 7 mars 1906.

LE GARDE DES SCEAUX, MINISTRE DE LA JUSTICE,

A MONSIEUR LE MINISTRE DE L'INTÉRIEUR,

(Services Algériens, 13-2-05)

Vous avez bien voulu le 25 janvier dernier me demander mon avis sur le projet de loi déposé par votre prédécesseur et qui a pour objet d'organiser l'immatriculation de la propriété foncière en Algérie.

Pour répondre à votre désir, j'ai l'honneur de vous soumettre les observations que m'a suggérées l'examen de ce projet.

Je dois tout d'abord vous faire connaître qu'en ce qui concerne le principe même de la réforme, il ne me paraît pas possible de formuler un avis personnel et motivé. Dépourvu de renseignements particuliers sur la situation sociale et économique de l'Algérie, je ne puis que m'en rapporter à l'opinion de M. le Gouverneur général et des assemblées locales qui, malgré les objections soulevées, ont jugé qu'il y avait lieu d'importer dans notre Colonie le système de l'Act Torrens. J'ajoute d'ailleurs que l'exemple de la Tunisie où le régime de l'immatriculation fonctionne depuis nombre d'années à la satisfaction générale, m'incline à penser que son application à l'Algérie ne pourrait produire que des résultats satisfaisants. Je remarque toutefois qu'il existe, entre le système tunisien et celui que vous proposez d'appliquer à la colonie voisine, des différences très notables. C'est ainsi que l'immatriculation ne serait pas ordonnée en Algérie par une juridiction spéciale, mais par un fonctionnaire lorsqu'aucune difficulté particulière ne serait soulevée, et par des magistrats appartenant aux tribunaux de première instance, en cas de contestation. Il y a là une simplification à laquelle je ne puis que donner mon approbation.

D'autre part, en Tunisie, le créancier ne peut négocier sa créance en la transformant, avec le consentement du propriétaire, en bons transmissibles par voie d'endossement. Il y serait au contraire autorisé en Algérie et j'estime, qu'étant donné le système de publicité de l'Act Torrens, cette mobilisation du sol ne peut présenter que des avantages. J'émettrais un avis différent, je me hâte de le dire, si, comme certains l'ont demandé, le projet autorisait le propriétaire à monnayer sa terre grâce à des bons hypothécaires susceptibles d'endossement. Cette faculté accordée aux indigènes, imprévoyants par nature, ne pourrait que les conduire rapidement à la ruine.

J'approuve encore pleinement le principe de l'immatriculation facultative adopté par le projet et les dispositions qui maintiennent sous le statut successoral musulman les immeubles immatriculés appartenant à des indigènes.

Ces deux questions, qui avaient fait l'objet de vives controverses, me paraissent tranchées d'une manière satisfaisante.

Je regrette de ne pouvoir formuler une appréciation aussi favorable en ce qui touche le texte et les détails du projet. Comme M. le Procureur Général à Alger, dont je vous ai communiqué l'intéressant rapport, j'estime que la substitution du projet des Délégations financières à celui qu'avait élaboré la Commission d'études réunie en 1901 ne constitue pas un progrès. Le texte déposé à la Chambre des Députés présente, en effet, sur des points importants, des lacunes regrettables.

Il laisse à un règlement d'administration publique le soin de trancher des questions essentielles, qui, dans mon opinion, devraient être résolues par le Parlement. Par contre, certaines de ses dispositions qui ne visent que des points secondaires me paraîtraient mieux à leur place dans un décret. Enfin, plusieurs articles ne semblent pas pouvoir être adoptés sans modifications.

Je préciserai ces critiques en suivant l'ordre des articles du projet de loi.

Le titre 1er me paraît contenir deux lacunes. Il

n'indique pas explicitement à qui le propriétaire doit s'adresser pour faire immatriculer son immeuble et il ne précise pas quelles sont les personnes qui peuvent requérir l'immatriculation. J'estime qu'un article devrait spécifier que l'immatriculation est effectuée par le Conservateur de la propriété foncière et énumérer les attributions de ce fonctionnaire et qu'un autre article devrait contenir la liste des ayants droit à l'immatriculation.

Article 11. — Cet article est conçu en termes trop absolus, il est impossible de prétendre d'avance qu'aucune prescription de nos lois de procédure ne sera applicable devant la Chambre des immatriculations.

D'autre part, le § 1 du titre II me paraît présenter une lacune fâcheuse au point de vue du bornage qui devra précéder l'immatriculation. C'est là une opération qui, pour les indigènes, présente une telle importance. qu'il me paraît nécessaire de la régler par la loi.

Enfin, il est de toute nécessité de déterminer aussi dans la loi le mode de publicité qui doit mettre les intéressés en demeure de protester, ainsi que les délais à l'expiration desquels le Conservateur pourra procéder à l'immatriculation.

L'article 13 donne au Conseiller rapporteur chargé d'instruire l'affaire en appel le droit de rejeter par simple ordonnance, non susceptible de recours, tout pourvoi qu'il estimerait téméraire ou vexatoire. Ce droit peut sembler dangereux. Il constitue en tout cas une innovation discutable, car le rôle d'un rapporteur est d'exposer une affaire et non de la juger : il serait à craindre que sa décision manquât d'autorité.

Par contre, il peut sembler regrettable que l'article 15 n'ait pas accordé au Conservateur le droit de refuser l'immatriculation par décision motivée, lorsque la demande lui paraît injustifiée. Cette faculté, avec le correctif de l'appel devant la Chambre des immatriculations, aurait simplifié la procédure.

L'article 17 ne permet à la personne qui a été lésée injustement par une immatriculation de se pourvoir « par voie d'action personnelle en indemnité contre « l'auteur du dommage », qu'au seul cas de dol. Il est permis de penser qu'au dol devrait être assimilée la fraude, conformément à la règle de l'article 1382 du Code civil.

Les prescriptions de détail contenues dans les articles 23 et 25 sembleraient mieux à leur place dans un règlement d'administration publique.

Le titre IV, relatif au régime hypothécaire, comporte également plusieurs observations.

Il me semble, tout d'abord, qu'avant d'aborder la question des hypothèques légales et judiciaires, il conviendrait, comme l'avait fait la commission d'études, de préciser l'effet à l'égard des tiers des hypothèques sur les immeubles immatriculés, ainsi que le rang qu'elles occupent entre elles.

D'autre part, après avoir prononcé la suppression de l'hypothèque occulte, le projet maintient, dans l'article 27, une dérogation à ce principe en faveur du Trésor. Cette dérogation me paraît inadmissible.

A un tel point de vue, j'estime que les droits des incapables (mineurs ou interdits) et des femmes mariées, sont insuffisamment sauvegardés, malgré les prescriptions de l'article 28. En ce qui concerne le mineur, il me paraîtrait nécessaire de prévoir qu'à l'ouverture de la tutelle, le conseil de famille examinera si une hypothèque doit être inscrite sur les immeubles immatriculés du tuteur et quelle somme elle garantira; un extrait de cette délibération devrait être transmis au Conservateur qui en fera mention.

En ce qui concerne la femme, des précautions analogues devraient être prises au moment du mariage, ou postérieurement, si des biens lui advenaient par succession ou dotation. Le droit de requérir l'inscription pourrait, dans cette seconde hypothèse, être conféré au Procureur de la République, à la femme elle-même, à ses parents au degré successible, et même à ses créanciers.

En cas de difficultés, la Chambre des immatriculations statuerait.

Il semble que des dispositions aussi importantes devraient trouver place dans le projet de loi et ne point être réservées pour le règlement d'administration publique.

L'article 31 spécifie que le commandement de payer à fin de saisie immobilière, s'il est signifié au Conservateur et inscrit sur le titre, aura pour effet d'empêcher toute inscription nouvelle au cours de l'instance en expropriation par licitation. Il semble que, pour éviter les fraudes trop fréquentes des débiteurs sur le point d'être expropriés, il conviendrait de déclarer que ceux qui s'en rendraient coupables seraient passibles des peines édictées par les articles 406 et 408 du Code pénal. On donnerait ainsi au commandement les effets du procès-verbal de saisie immobilière.

Telles sont, Monsieur le Ministre et cher collègue, les principales observations qui m'ont été suggérées par la lecture du projet de loi soumis au Parlement ; un certain nombre d'autres critiques de détail pourraient être formulées, mais elles sont de moindre importance, et je n'ai pas cru devoir m'y arrêter pour le moment.

J'estime, en résumé, que le projet, qui paraît excellent dans son principe, aurait besoin, avant d'être soumis aux délibérations du Parlement, d'être revu avec soin, complété sur divers points et allégé d'un certain nombre de dispositions qui trouveraient leur véritable place dans le règlement d'administration publique.

Je reste d'ailleurs entièrement à votre disposition pour collaborer à ce travail de révision en cas où vous jugeriez utile de l'entreprendre.

Le Garde des Sceaux, Ministre de la Justice,

Par autorisation :

Le Conseiller d'Etat, Directeur des affaires civiles et du sceau,

Le Sous-directeur,

Illisible.

www.ingramcontent.com/pod-product-compliance
Ingram Content Group UK Ltd.
Pitfield, Milton Keynes, MK11 3LW, UK
UKHW031047260726
13965UKWH00006B/683